"瑜伽文库"编委会

瑜伽文库
YOGA LIBRARY

主　编　王志成

编　委　陈俏娥　陈　思　曹　政
　　　　陈　涛　方　桢　富　瑜
　　　　高光勃　何朝霞　蒋科兰
　　　　菊三宝　科　雯　Ranjay
　　　　灵　海　刘从容　刘韦彤
　　　　路　芳　明　泽　迷　罗
　　　　沙　金　顺　颐　宋光明
　　　　王保萍　王东旭　闻　中
　　　　吴　聪　吴均芳　吴铭爵
　　　　尹　岩　张新樟　张　雪
　　　　朱彩红　周昀洛　朱泰余

瑜伽文库
YOGA LIBRARY

正念·解读

WHAT DO I ACTUALLY WANT?

我真正想要什么?

智慧瑜伽答问

[荷兰] 沃尔特·齐尔 / 著

朱彩虹 / 译

四川人民出版社

图书在版编目（CIP）数据

我真正想要什么？：智慧瑜伽答问 /（荷）沃尔特·齐尔著；朱彩虹译. -- 成都：四川人民出版社，2024.10. -- (瑜伽文库). -- ISBN 978-7-220-13856-0

Ⅰ.B351

中国国家版本馆CIP数据核字第2024YM5590号

WO ZHENZHENG XIANGYAO SHENME ZHIHUI YUJIA DAWEN

我真正想要什么？——智慧瑜伽答问

〔荷兰〕沃尔特·齐尔　著　朱彩虹　译

出 版 人	黄立新
责任编辑	陈涛
装帧设计	李其飞
责任印制	周奇
出版发行	四川人民出版社（成都三色路238号）
网　　址	http://www.scpph.com
E-mail	scrmcbs@sina.com
新浪微博	@四川人民出版社
微信公众号	四川人民出版社
发行部业务电话	（028）86361653　86361656
防盗版举报电话	（028）86361653
照　　排	四川胜翔数码印务设计有限公司
印　　刷	成都蜀通印务有限责任公司
成品尺寸	146mm×208mm
印　　张	8
字　　数	122.9千
版　　次	2024年10月第1版
印　　次	2024年10月第1次印刷
书　　号	ISBN 978-7-220-13856-0
定　　价	52.00元

■版权所有·侵权必究

本书若出现印装质量问题，请与我社发行部联系调换

电话：（028）86361656

We thankfully acknowledge Sri Ramanasramam, Tiruvannamalai, India for permitting this Chinese translation of 23 articles authored by Wolter A. Keers, 18 of which were originally published in "Mountain Path" in English by Sri Ramanasramam.

感谢印度拉玛那静修所授权翻译出版沃尔特·齐尔先生作品，凡23篇。其中18篇初以英文刊载于拉玛那静修所所办《山径》杂志（*Mountain Path*）。

拉玛那·马哈希
(Ramana Maharshi, 1879—1950)

"瑜伽文库"总序

古人云：观乎天文，以察时变；观乎人文，以化成天下。人之为人，要旨即在切入此间天人之化机，助成参赞化育之奇功。在恒道中悟变道，在变道中参常则，"人"与"天"相资为用，时时损益且鼎革之。此诚"文化"演变之大义。

中华文明源远流长，含摄深广，在悠悠之历史长河中，不断摄入其他文明的诸多资源，并将其融会贯通，从而返本开新、发闳扬光。古有印度佛教文明传入，并实现了中国化，成为中华文明之整体的一个有机部分。近代以降，西学东渐，一俟传入，也同样熔铸为中华文明之一部，唯其过程尚在持续之中。尤其是20世纪初，马克思主义传入中国，并迅速实现中国化，推动了中国社会的巨大变革……

任何一种文化的传入，最基础的工作都是该文化的经典文本的传入。因为不同的文化往往基于不同的语言，故文本的传入就意味着文本的翻译。没有文本的翻译，文化的传入就难以为继，无法真正兑现为精神之力。佛教在中国扎根，需要很多因缘，而持续近千年的佛经翻译无疑具有特别重要的意义。没有佛经的翻译，佛教在中国的传播几乎不可想象。

随着中国经济、文化的发展，随着中国全面参与到人类共同体之中，中国越来越需要了解其他文化，需要一种与时俱进的文化心量与文化态度——一种开放的，并同时具有历史、现实、未来三个面向的态度。

公元前8世纪至公元前2世纪，在地球不同区域都出现过人类智慧的大爆发，这一时期通常被称为"轴心时代"（Axial Age）。这一时期形成的文明影响了之后人类社会2000余年，并继续影响着我们生活的方方面面。随着人文主义、新技术的发展，随着全球化的推进，人们开始意识到我们正进入"第二轴心时代"。但对于我们是否已经完全进入这样一个新的时代，学者们尚持不同的观点。英国著名思想家凯伦·阿姆斯特朗（Karen Armstrong）认为，我们正进入第二轴心时代，但我们还没有形成第二轴心时代的价值观，我们还依赖着第一轴心时代的精神遗产。全球化给我们带来诸多便利，但也带来很多矛盾和张力，甚至冲突。这些冲突一时难以化解。因此，我们须要在新的历史境遇下重新审视轴心文明丰富的精神遗产。此一行动，必是富有意义的，也是刻不容缓的。

我们深信：第一，中国的轴心文明，是地球上曾经出现的全球范围的轴心文明的一个有机组成部分；第二，历史上的轴心文明相对独立，缺乏足够的互动与交融；第三，在全球化背景下不同文明之间的互动与融合必会加强和加深；第四，第二轴心时代文明不可能凭空出现，须以历史的继承和发展为前提。诸文明的互动和交融是发展的动力，而发展的结果将构成第二轴心时代文明的重要资源与有机组成部分。

简言之，由于我们尚处在第二轴心文明的萌发期和创造期，一切都还显得幽暗和不确定。我们应该主动地为新文明的发展提供自己的劳作，贡献自己的理解。考虑到我们自身的特点，我们认为，极有必要继续引进和吸收印度正统的瑜伽文化和吠檀多典籍，并努力使之与中国固有的传统文化及尚在涌动之中的中国当代文化互勘互鉴乃至接轨，努力让古老的印度文化服务于中国当代的新文化建设，并最终服务于人类第二轴心时代文明之发展。此所谓"同归而殊途，一致而百虑"。基于这样朴素的认识，我们希望在这些方面做一些翻译、注释和研究工作，出版瑜伽文化和吠檀多典籍就是其中的一部分。这就是我们组织出版这套"瑜伽文库"的初衷。

由于历史与个体经验皆有不足，我们只能在实践中不断累积行动智慧，慢慢推进这项工作。所以，我们希望得到社会各界和各方朋友的支持，并期待与各界朋友有不同形式的合作与互动。

"瑜伽文库"编委会

2013年5月

"瑜伽文库"再序

经过多年努力,"瑜伽文库"已粗具体系化规模,涵盖了瑜伽文化、瑜伽哲学、瑜伽心理、瑜伽实践、瑜伽疗愈、阿育吠陀瑜伽乃至瑜伽故事等,既包含古老的原初瑜伽经典,又包含古老瑜伽智慧的当代阐释和演绎。瑜伽,这一生命管理术,正滋养着当下的瑜伽人。

时间如梭,一切仿佛昨日,然一切又有大不同。自有"瑜伽文库"起,十余年来,无论是个人,还是环境、社会,抑或整个世界,都经历了而且正在经历着深刻且影响深远的变化。在这个进程中,压力是人们普遍的感受。压力来自个人,来自家庭,来自社会。伴随着压力的,是无措、无力、无奈,是被巨大的不确定性包裹着的透支的身体和孤悬浮寄的灵魂。

不确定性,是我们这个世界的普遍特征,而我们却总渴望着确定性。在这尘世间，种种能量所建构起来的一切，都是变动不居的。一切的名相都是暂时的、有限的。我们须要适应不确定性。与不确定性为友，是我们唯一的处世之道。

期盼，是我们每个人的自然心理。我们期盼身体康健、工作稳定、家庭和睦，期盼良善地安身立命，期盼世界和平。

责任，是我们每个人都须要面对、须要承担的。责任就是我们的存在感：责任越大，存在感越强；逃避责任或害怕责任，则让我们的存在感萎缩。我们须要直面自身在世上的存在，勇敢地承担我们的责任。

自由，是我们每个人真正渴望的。我们追求自由——从最简单的身体自由，到日常生活中的种种功能性自由，到内心获得安住的终极存在的自由。自由即无限，自由即永恒。

身份，是我们每个人都期望确定的。我们的心在哪里，我们的身份就在哪里。心在流动，身份在转变。我们渴望恒久的身份，为的是尘世中的安宁。

人是生成的。每个个体好了，社会才会好，世界才会好。个体要想好，身心安宁是前提。身心安宁，首先需要一个健康的身体。身体是我们在这世上存在的唯一载体，唯有它让我们生活的种种可能性得以实现。

身心安宁，意味着有抗压的心理能量，有和压力共处的能力，有面对不确定的勇气和胆识，有对自身、对未来、对世界的期盼，有对生活的真正信心、对宇宙的真正信心、对人之为人的真正信心。有了安宁的身心，才能履行我们的责任——不仅是个体的责任，还有家庭的责任、社会的责任、自然和世界的责任。我们要有一种宇宙性的信心来承担我们的责任。在一切的流动、流变中，"瑜伽文库"带来的信息，可以为承担这种种的责任提供深度的根基和勇气，以及实践的尊严。

"瑜伽文库"有其自身的愿景，希望为中国文化做出时代性的持续贡献。"瑜伽文库"探索生命的意义，提供生命实践的路径，奠定生命自由的基石，许诺生命圆满的可能。"瑜伽文库"敬畏文本，敬畏语言，敬畏思想，敬畏精神。在人类从后轴心时代转向新轴心时代的伟大进程中，"瑜伽文库"为人的身心安宁和精神成长提供帮助。

人是永恒的主题。"瑜伽文库"并不脱离或者试图摆脱人的身份。人是什么？在宏阔的大地上，在无限的宇宙中，人的处境是什么？"瑜伽文库"又不仅仅是身份的信息。透过她的智慧原音，我们坦然接受人的身份，却又自豪并勇敢地超越人的身份。我们立足大地，我们又不只属于大地；我们是宇宙的，我们又是超越宇宙的。

时代在变迁，生命在成长。走出当下困境的关键，不在于选择，而在于参与，在于主动地担当。在这个特别的时代，我们见证一切的发生，参与世界的永恒游戏。

人的经验是生动活泼的。存在浮现，进入生命，开创奋斗，达成丰富，获得成熟，登上顶峰，承受时间，生命圆满——于这一切之中领略存在的不可思议和无限可能。

"瑜伽文库"书写的是活泼泼的人。愿你打开窗！愿你见证！愿你奉献热情！愿你喜乐！愿你丰富而真诚的经验成就你！

"瑜伽文库"编委会
2020年7月

目 录

推荐序 / 1

导师离世后,我们怎么办? / 7

虔信不离智慧 / 19

导师与光明 / 29

世界之心 / 41

薄伽梵对我意味着什么? / 54

圣人与思想 / 66

圣人无教 / 75

你就是理解本身 / 84

理解实相 / 90

死之真相 / 100

真苦行与假苦行 / 105

做目击者 / 116

关于束缚与解脱的终极真理 / 131

健康、疾病和室利·拉玛那·马哈希的启示 / 139

能量、创造与爱 / 146

谈谈当下 / 155

概念之我与自由之我 / 163

醒态与叠置 / 173

灵性建议 / 180

深沉的寂静 / 192

我真正想要什么？ / 198

无为不是冷漠 / 220

藏在帽子里的兔子 / 227

译后记 / 235

附录 拉玛那·马哈希的教导："我是谁？" / 238

推荐序

著名季刊《山径》每一期的文章我都仔细阅读，并对每一篇文章做出"优""良""中"的评价。近来，我回顾自己的评价，发现沃尔特·齐尔（Wolter Keers）的文章因为深具启发性而显得卓尔不群。我立刻想到要把它们带给中国读者，因为我和中国人有着一种难以解释的深刻联结。于是，我请求王志成教授处理翻译事宜。事情很快便顺利完成，现在，我们很高兴将这份宝藏献给遍布全世界的中国有识之士。

沃尔特·齐尔（1923—1985）显然属于印度智慧所称的"有身解脱者""觉悟者"或"觉醒者"。如果说佛陀是一艘巨轮，那么齐尔就是一艘小船，虽然不大，却也能载我们渡河，抵达对岸。二者中，齐尔属于我们这个时代，这是一个明显的优势。

齐尔无疑天生是个神秘家，早在5岁和12岁，他就自发进入过三摩地，而三摩地往往是瑜伽士终生努力的目标。

20多岁时，齐尔从朋友的母亲那里获得了一本书——辨喜（Swami Vivekananda）的《智慧瑜伽》。他发现自己的所有感受都在这本书中化为文字，这引发了他精神世界里的一场大爆炸。当时，他不知道这本书及其作者举世闻名——辨喜乃是1893年在芝加哥举行的第一次世界宗教议会上的明星。

后来，齐尔读了保罗·布朗顿（Paul Brunton）的《探索神秘的印度》。身为英国记者的保罗·布朗顿本人也是个厉害的神秘家。

齐尔渴望找到古鲁。在布朗顿的书中，齐尔读到有位健在的印度圣人，访客可以与他交谈。于是，齐尔踏上了奔赴印度之旅，去找这位名叫拉玛那·马哈希（Ramana Maharshi）的圣人。

根据齐尔自己的描述，拉玛那·马哈希只用一瞥便让他得了光明——他们只字未谈。齐尔将这次会面描述如下：

而在那里，坐在椅子上的，是光本身，明亮得就像我从未见过的任何东西或任何人……光本身就在那里，明亮的光，穿透一切的光，如同X射线，穿透了我……薄伽梵（马哈希）似乎满不在乎，四处张望，微笑地看着树上跳跃的松鼠。在这明亮的光中，毋庸置疑，我不是身体，不是私我——这无需任何分析。这光一次扫清了我的全部黑暗。

这被称为"直接道路"（direct path）。在"智慧瑜伽"一词中，"瑜伽"意为"道路"，"智慧"意为高级知识、理解或领悟（看见存在之物）。其他灵性道路净化人的不净，而直接道路则主张视每一经验为非真，并处处留心你所是的至上光明，它闪耀在每一经验中。

古鲁向弟子表明，弟子也是不可言喻的至上光明，这便是教导的终点。此为无路之路。你无须如舀干海水一般一勺一勺地舀出黑暗，光明（觉悟）能将黑暗（束缚）立刻驱散。布朗顿记录了他自己和马哈希的相遇："在马哈希面前，我一丝不苟地精心准备的问题脱落了。"

这条直接道路也见于如下故事：

10个人游泳过河，上岸之后，他们开始清点人数，看看是否有人溺水。由于清点之人没有把自己计算在内，所以数来数去，都只有9个。这使他们陷入了恐慌：一定有1个淹死在河里了！一位路人见此情景，在他们每人的脑门上拍一下，数出了10个人。

他们自始至终是10个人。他们不用做什么事来挽回那个"丢失的人"，而只需领悟（看清）。故事中的路人代表古鲁，恐慌代表我们受原质支配而经验到的束缚。

让我们回到齐尔身上。拉玛那·马哈希在和齐尔见面之后几个月就仙逝了，也许那时马哈希刚刚完成他最后的工作。齐尔说："在他肉身凋落大约三个月之后，他在也许可以称为'异象'的东西中向我显现，并指引我去见某人。"那个人就是阿特曼南达（Atmananda，即克里希那·梅农），另一位觉悟者。齐尔在数年中定期去见这位在世的圣人。阿特曼南达的教导由其弟子尼提亚·特里普塔（Nitya Tripta）记录下来，整理成了《室利·阿特曼南达灵性谈话录》一书，该书十分有名，值得一读。

齐尔还见到了尼萨格达塔·马哈拉吉（Nisargadatta

Maharaj），又一位当时健在的圣人。所以，齐尔是携带着三个觉悟灵魂[①]的火焰的，而其中的每一个灵魂都拥有使人解脱的能力（如果当事人已经做好了准备）。随后，出生在荷兰的齐尔回到了欧洲。

出生在英国的道格拉斯·哈丁（Douglas Harding）也得到了拉玛那·马哈希的恩典，尽管他本人没有见过马哈希。齐尔把哈丁介绍到了荷兰和比利时。哈丁的文章也深具启发性，我们也计划出版他的文章选集的中文版，内有大量编者脚注。

齐尔的逝世十分传奇：他在将近62岁时按照意愿死去。当天，他邀请朋友们来家里开派对，派对结束时，他告诉朋友们，他马上要放弃肉身。接着，他拜倒在拉玛那·马哈希的巨照前，离开了肉身。

显然，除了完全觉悟之人，没有人能像他那样按照意愿死去。

尼萨格达塔·马哈拉吉说："基于真理的言语，一旦经过充分的检验，便有其力量。"这意味着，来自觉悟之人的真理会在读者自身存在的内部静悄悄地发挥作

[①] 参见菲利普·莱纳德（Philip Renard）的《"我"是觉醒之门》。这本小册子对三位圣人做了入微的探讨。

用，产生解脱的效果。这将完全出乎读者本人的意料！

话不多说，让我们跳进齐尔的智慧，从中受益吧。

斯瓦米·杜迦南达

（Swami Durgananda）

加尔各答罗摩克利希那传道会

2023年6月24日

导师离世后，我们怎么办？[①]

在场的大多数人曾有过极大的好运，遇见过一位健在的导师，并接受了他的"达显"（darshan，直观到的智慧）。有几个在"薄伽梵"[②]拉玛那·马哈希的肉身尚未凋落时见过他，有些则见过其他导师。但现在，大多数人面临的共同问题是：因为导师（已经离世，）不再是能够交谈的可见对象，所以我迷失了，似乎没人能够启示我。

何以如此？

[①] 本文源于作者和朋友们的一场夜间谈话。原载于《山径》（*Mountain Path*），1975年7月。这是一本季刊，创办于1964年。

[②] "薄伽梵"（Bhagavan）是对拉玛那·马哈希的尊称。本书中出现的"薄伽梵"在绝大多数时候都指马哈希。——译者

我可以马上告诉你们，我自己有过同样的经历。当薄伽梵穿透一切的目光将我淹没，我的整个世界改变了。当时我想：我是谁，竟把自己想象成一个重要得足以承载种种问题的人……就这么一个我！在那一刻，问题似乎永远解决了。

但在薄伽梵离开肉身之后，渐渐地，我的那些老问题又回来了，三个月或六个月之后，我又一次觉得自己迫切需要某个人来指点我，告诉我哪里偏离了正轨。

我认为，在根本上，大家都犯了同一个错误。我们试图回到"经验本身"（experience，它曾经是、现在依然是薄伽梵），而没有意识到，这个想要回到经验本身的人正是让经验本身不可能的人。换言之，人格或私我之我试图回到非人格者（impersonality，指经验本身），无异于寻求干的水或方的圆。非人格者，即阿特曼（atma），是寻求者的缺席（absence）。我们视之为导师的终极经验的在场（presence），同时是寻求者的缺席，也就是不安的、痛苦的私我的缺席。

然而，一旦没有了导师的在场或言语来纠正我们的错误，我们就开始为私我或人格寻求快乐与平静，而不会意识到喜乐（ananda）乃是私我或人格的缺席。

如何才能克服这一困难？

这并不难，但需要时间。因为今天在场的都是欧洲人，所以我将用欧洲人习惯的语言来表述。

这一点极其重要：看到我们的整个生活是一种巨大的投射。我们不是如其所是地看待自身或世界的其他部分，而是戴着我执（ego-ism）或防御的有色眼镜看待一切。当我们悲伤时，整个世界看起来都很悲伤，当我们快乐时，整个世界看起来都很快乐。换言之，我们看到的不是世界，而是我们自己的观点朝着左边、右边或中间的投射。

只要心意（mind）中充满了各种恐惧，我就会厌恶其在场使我想起那些恐惧的人，喜欢那些其在场不会使我想起那些恐惧的人。如此一来，恐惧就休眠了，我享受着心意的平静。

然而，心意的这种平静根本就不是平静，而只是缺乏剧烈的痛苦，是一种昏沉状态。真正的平静或解脱（moksha）乃是心意的缺席，根本就不是心意的安逸，也不是我们日常所说的"心不在焉"。

不知你们有没有意识到一个事实：我一直在引用拉玛那·马哈希的话，虽不完全是字面上的引用。他曾说，圣人或觉悟者是脱离心意之人。

薄伽梵的这种说法和所有真导师许多世纪以来——甚至先于商羯罗——一直在说的完全一致。这种话听得再多也不嫌多，因为里面藏着我们今天正在讨论的问题的答案。

解脱是脱离心意而活，换言之，就是不留一丝"我是思想者和行动者"的感觉，甚至不留一丝"我不是思想者和行动者"的感觉。解脱就是连最后一丝"我是某人"的感觉——不管是积极的还是消极的——也消失了。

这不正是我们丢掉的那个答案吗？

大多数人不曾看透这个事实——私我和人格乃是幻觉，他们走了相反的路。他们打磨私我和人格，以便运用它们，并让它们变得更纯。这是一件多么愚蠢的事，因为金链子和铁链子都是捆绑我们的锁链，而我宁愿扔掉铁链子，保留美丽的金链子！

如果你决定扔掉家里的旧椅子，你会在扔掉之前粉刷它或给它打蜡吗？或者试图教它说话？

让我们来尝试弄清薄伽梵和所有真导师所说的自由是"脱离心意"，究竟是什么意思。

婴孩和圣人有许多共同之处。他们的主要差别在于，婴孩会随着时间的流逝进入某种无明状态，而圣人永远脱离所有状态（所有状态皆为无明状态）。

即便如此，婴孩仍是敞开觉知的。在这种敞开的觉知中，出现了某些东西，比如这里（胃部）的一种空虚感，那里（墙上）的某些令人愉悦或不悦的声音。几年后，他会把第一种东西称为"饥饿"，把第二种东西称为"收音机"。婴孩不知道这些词语，也不知道以后他将称之为"饥饿"的东西在他自身内部，而他将称之为"收音机"的东西在他自身外部。事实上，他尚未学会将身体视为他自身。但随着成长，他会先从父母的反应中，尔后（在他学习说话时）从父母的言语中了解到他是一团藏在皮肤里的肌肉、神经和感官。

当导师向弟子表明他是什么和他不是什么时，弟子被引向与婴孩的成长相反的方向。弟子不是了解到自己是身体、乖孩子或野孩子、衣服、性格、身体的活动（我走路，我游泳）、五官的活动（我看见，我听见）、智力、记忆、各种社会角色（我是个学生，我是某某的儿子或女儿）等，而是开始借着导师在他内部唤醒的光明重新思考以前了解到的状况，并逐渐深入地发现导师的教导完全符合实情：他不是他曾被告知他所是的一切。你怎么可能从一开始就是一大堆事物呢？你明明知道自己是"一"。你怎么可能是你头脑中的那个称为"人格"的无常、复杂的形象呢？你怎么可能是某种在你假定的自我内部来来去去的东西呢？

你始终存在，而身体来来去去（在梦中，你拥有不同的身体，事实上你可能梦见自己是头狮子或大象）；在深眠中，你根本不会见到任何身体！然而，你作为在场就在那里，在早晨身体显现出来之前在那里，在身体消失之后也在那里；在你察觉到衣服和各种物品之前在那里，在你觉察到之后也在那里。在那些物品显现期间，你也在那里，充当它们沉默的观察者、目击者——无论你是否愿意，你都情不自禁，因为那就是你所是。

无论何时何地，那就是我们的真正所是：沉默的、目击的在场。在目击意识如其所是的目光中，其余一切来来去去。我是那无需任何努力就留存者，如同湿始终与水相伴，而无需水做出任何努力。

但我们发现自己处在荒唐的位置上，好比水认为它自己是别的什么，如树、剑、火。由此产生了一个问题：在水认为自己是树（或剑、火）的无明期间，水应该做什么来再度变湿？

当然，答案很简单：水无须做什么来再度变湿，因为它一直是湿的——只是在某个无明期间，叠置上了"我是树（或剑、火）"的观念。

换言之，唯一要做的事就是，当我们愚蠢地认为自己是甲先生或乙女士时，我们要消除"我们是某物而非目击者"（我们是某物，而非我们所是的有知的、目击的在场）的观念。

这正是薄伽梵和伟大的导师们所谓的自由（解脱）是脱离心意而活（措辞或有不同）的真义。

如何才能做到？

心意是某种个人的东西。我们在发表某个见解时会说"我心想"（in my mind），或者我们会说某人一定是得了"失心疯"（out of mind）。

换言之，心意是我们投射在永恒的有知的在场（我们的真正所是）上的某种东西。心意是一个把戏，通过心意，"在场-意识"（presence-consciousness）呈现为甲先生或乙女士，也就是说，心意的把戏声称存在着如此之多不同的事物（而不是目击者），最糟糕的是，它声称我们即为这些事物（行走者、游泳者、思考者、观看者、倾听者、学生、邻居等）；但事实上，就连孩子也明白，我们实际上仅仅是沉默的、目击的在场，其他所有事物、状态时不时被叠置到这在场上，如同在电影院里，移动的影像被叠置到不动的银幕上。

换言之，在我看来，寂静的、有知的、敞开的"觉知-在场"（awareness-presence），被叠置上了醒态与梦态、各种风景、我是男人或女人的感觉、称为"记忆"的想法、我曾经五岁的念头、下次去法国度假的念头、饥饿感等等，无穷无尽。

当然，我们可以从一开始就直截了当地把很多叠置"去我化"（un-I-ing）。当我们说"'我'饿了"时，根本不需要把一种称为"饥饿"的感觉变成一个私我。这只胳膊活动得很好，而不需要把"我"投射进去才能让它活动起来。

最重要的是看清，不存在作为行动者的"我"，也不存在作为经验者的"我"。

只有当我们看清，我投射进自己头脑中并称之为"思考者"的这个小伙伴不过是一个念头或一种感觉，心意或"我头脑中有这样一种东西"的想法或感受才会消失。我头脑中并没有住进任何"小伙伴"。

最重要的是看清，没有符合种种特征的个人在我里面。人格仅仅是一个复杂的形象，在我开始认为自己是一个身体后被引出。于是，我开始将各种东西投射进我的头脑和心灵中。它们纯粹是幻觉，但我们已经学会与这种幻觉共存。

我有个朋友，是个精神病学家，他最近指出，大多数人整天保持着一种自我对话，好像他们自身的一部分能和另一部分交谈似的。

我们不仅制造了称为"人格"的自我形象，而且准备好了在必要时用火与剑捍卫这个人格。事实上，随着我们逐渐学会看清，我们发现人格是一个自动反应系统，它仅仅捍卫自身。套用已故的阿伦·瓦兹（Alan Watts）的有趣说法，"痛苦的私我是一堵防御墙，可墙的后面什么也没有"。

在我们觉悟（不仅是获得有趣的新观点，而且是以整个存在觉悟）我们不是头脑中的形象，人格仅仅是一幅精神图像、一个幽灵、梦的某一刻，我们开始明白，我们把大量的精力用在了捍卫我们想要消除的那个东西上。假如你在夜里梦到自己买彩票赚了一大笔钱，还用那笔钱买了一座城堡……你会不会在第二天早上跑去家具店为梦中的城堡买家具?

同样,一旦你明白,你所捍卫的仅仅是一种观念、一个梦,你突然意识到,没有什么可捍卫的!在那一刻,仿佛有一副重担从你的肩头卸下,于是,你回到了导师指给你的那条路上。

随之而来的是这一认识:你不是你头脑中的"小伙伴"。你的头脑中或许有念头,但没有思考念头的"人",而念头出现又消失。你作为鲜活的、有知的在场,在念头出现之前、持续期间和消失之后都在那里。换言之,作为在场的你不以任何方式受到念头的限制。如果念头不能限制你,那就没有什么能够限制你,因为你接触的唯一事物就是念头。你所称的"椅子"事实上只是对某物的感知,正是这种感知被你称为椅子。感知属于念头。事实上,每一个念头,无论你称之为椅子、记忆、意志、情感还是欲望,都只是被感知的某物。

这即为我们的所是:我们称之为"感知"的具有形式的觉知,或者纯粹的觉知——当没有形式可以感知时。

我们实质上是纯粹的觉知,即无形的、空的意识。正是因为我们的"空性",这种(表面上的)空白才能被一个接一个的感知填满。这是否意味着我与薄伽梵是"一"?是的,毫无疑问,我们与薄伽梵是"一"!但这种态度包含着一种危险,因为人格可能会主张这种合一,而事实上,这种合一是减去人格的你。同时,我们可能注意到,薄伽梵无处不在,是构成你的身体的每一原子的本质,是你的每一念头中的光,无论你的念头是纯净的还是不净的,自私的还是博爱的。换言之,你是薄伽梵加上你的幻觉。所以,要丢掉你是这样或那样的想法,剩下的将自我揭示,薄伽梵即为这种"剩余之物"的光辉代表。当我说你必须丢掉那些想法,我实际上指的是你必须睁开眼睛去看,看见你不是这种种事物——一个父亲、一个邻居、一个思考者、一个行动者。如果你以整个存在看到这一点,那么"我是这种种事物"的感觉就会逐渐消失。当作为私我的你决定"现在幻觉应该消失",幻觉不会消失,因为甚至在那时,你也有着对快乐的自私兴趣,其结果将是自满、虚荣和普遍的不满足。当然,着手寻求快乐的是私我,但在这趟旅程的某个地方,你会发现对快乐的私我的寻求是不可能的。

所以,你必须采取不同的方式:仅仅观看。到最后，你会发现，寻求者彻底暴露其贫乏和渺小，甚至连觉悟真我的欲望也脱落了。在那一刻，你发现你就是你一直在寻求的，"寻求者"减去"伪自我"的面具等于"被寻求者"。在那一刻，你与导师合一。当然，那时没有私我、没有人格来主张这种合一，就像在深眠中没有人宣称"我在睡觉"。

虔信不离智慧[1]

一直以来，我反复告诫人们不要盲目虔信。没有智慧（jnana）的虔信（bhakti），即没有头脑的心灵，导向可怕之事。而没有心灵的头脑则容易僵化，进行盲目、偏执的字面崇拜，并倾向于认为自己始终是对的。

为了从正确的视角看待事物，首先必须以我们的整个存在看清，头脑和心灵都不能理解我们的真正所是。真理绝不能在某个框架之内找到，无论是身体框架、理智框架，还是情感框架。身体、感知、念头、情感都是相当短暂的表象（appearance）。

我们谈论身体时，实际上是在谈论我们构造的身体

---

[1] 原载于《山径》，1976年4月。

概念。这个概念说的是,"我,即身体,现在20岁、50岁或80岁"。然而,身体不是那种意义上的概念,而是感知的一次次闪现,我们用记忆的把戏将这些感知粘贴在一个现成的形象上。通常,我们感知到的仅为身体的一小部分,比如双手放在膝盖上,或者肩膀有点痒。尽管我们将这些称为"我"和"我的身体",但它们只不过是对一些细微的感觉(sensation)的迅速感知,换言之,是对出现在意识中的某物的迅速感知,而出现在意识中的某物就是我们所称的念头(thought)。

所以,身体是某种被感知的东西,无论这种东西是痒,还是由记忆制造的形象或概念,换言之,身体无非是念头。感官知觉也一样,也是一种念头,而我们借助记忆用这些感官知觉制造出来的故事,就是我们所称的"世界"。但如果严格地看,也就是超离记忆的视觉幻象和先入为主的概念,确切地看呈现在觉知中的对象,我们就会看到,该对象是一连串非常迅速的念头。

根本问题在于,一个或许仅仅持续半秒钟的念头能够感知无限者吗?

每一个念头,包括被我们粘贴在一起并称之为"世界"的那些一闪而过的感知,都是有限的——你越是细看，越是觉得有限。一个感知或许仅能持续千分之一秒。我们总是把大量感知粘贴在一起，将它们变成一个念头、一个概念，比如"世界"。可我们感知的是概念，而绝不是世界。

所以，一个念头只能持续半秒钟，它受限于时间。在念头出现之前和出现期间，你作为"有知的在场"（conscious presence）存在着，在念头消失之后，你依然存在着。

那么，是谁在理解什么？

你是一个"思考者"——这一念头或感觉被投射进了你的头脑中，因而，"你"只不过是一个念头。你的头脑中不存在思考者，你所谓的"思考者"仅仅是个形象，而你的"头脑"也是被感知的东西，甚至连那也不是。"头脑"是个形象，是个念头。一个念头能出现在另一个念头中吗，也就是说，一个念头能出现在头脑或思考者中吗？

说它受限于时间也好，受限于时间和空间也好，受限于幻境空间也好，念头总是有限的，它绝不能理解无限者。

而无限者也无法让自身受限，它不会降格到物的层面叫你去认识它。对于无限空间，不存在有限客体。所以，从无限真我的角度来看，不存在念头和思考者，不存在醒态和梦态。

那么，是谁在理解？是谁提出了问题？是谁说存在私我？

只有私我说存在私我。但仔细的审视（指根据知识或意识来看私我）证明私我根本没有实质。私我仅仅是一个念头、一种投射，就像其他任何念头一样。你不需要消除私我，因为没有这样一种东西，有的只是"存在私我"的念头或感觉。没有人见过私我，不存在这种东西。我们所说的"私我"是一种看待事物的疯狂方式，为没有中心的无限者制造一个中心的疯狂方式。

你所称的"私我"——更糟糕的是"我的私我"——仅仅是一种坏习惯。它是从各个方面去看，比如耳朵、眼睛、触摸的手、虚构的人格，并在随后宣称这些方面全部代表同一种东西——私我。你谈论"我的、我的、我的"，可这念头和感知的拥有者在哪里？实则，这个"拥有者"也不过是个念头罢了。所以，是一个念头在宣称拥有另一个念头。

每一个形象、每一种感知都是全新的。记忆可能想要告诉我们,这个私我20岁了,但实际上它只持续了一微秒。

那么,是谁被私我所束缚?是"我"吗?是什么样的"我"?是我所是的觉知吗?(短暂的"我之思"出现在觉知中,并依赖觉知而存在,就像波浪依赖水,罐子依赖黏土。)

你,即无限的意识,存在于念头出现之前、期间和之后,因而你本身没有念头,也没有任何限制,你绝不会受缚于一种间或出现的细微表象,好比空间不可能受缚于穿过房间的一阵风。

唯一有限的是有限之物,而我们不是有限之物。有限之物由闪现在无限觉知中的感知构成。将它们称为"我"肯定是荒谬的吧?

我们是无限者,无论诸多感知如何闪现和消失,没有什么能在我们的所是上留下任何痕迹,因为在一次闪现、一个念头、一种感觉消失后,又回到了"空"(emptiness),而这"空",又为感觉的再度闪现创造了条件。

但这和虔信及虔信瑜伽有什么关系呢?

广大(vastness)是我们所共有的。作为广大,或者更准确地说，作为无限者，我们是"一"。我们是唯一的、共同的经验本身，而其中的这个身体、那个身体则是穿透一切和充满一切的无限在场的不同显现。有人把无限在场称为神，有人称之为真我，还有人称之为阿特曼、梵、"我-我"（I-I），等等。

在情感语汇中，表达我们所是的这种唯一、不可分、无限的经验的，是"爱"。

假如你用整个存在爱过谁，你难道没有注意到，那时的你变得非常广大？你难道没有看到，你的深处有着一颗超越地平线的心灵？当你爱上谁，你难道没有这样的经验：你想拥抱大街上的每一个人，森林里的每一棵树？

那就是"无限经验"在情感领域中的投射。那就是巴克蒂（bhakti，虔信）。当你身在爱中，你就是一个虔信者，即使你的爱不是针对神、古鲁或被视为神圣的某物。

在爱之经验的顶峰，我们称之为"爱"的情感超越自身，变成了"纯粹的爱"，无限而永恒。我们所是的这种经验本身当然超越记忆，超越时间，真正无限。当我们宣称自己记得爱之奇妙时，我们谈论的不是这种无限存在，而是它在心灵的王国里、情感上和身体中的余热。我们的所是绝不能被想象，因而绝不能被记得。要变成纯粹的、全然有知的经验本身，就必须放弃记忆。

如果我们以这种方式来看待，并理解在如其所是的爱中不存在有限的"我"，因而谈论"我的"爱是荒谬的，那么，虔信瑜伽就能给予我们巨大的帮助，一再地带领我们抵达我们的所是。

这可能听上去很枯燥，就像科学分析。然而，在你理解这一切的那一刻，你会发现根本就不是什么科学分析。在你理解这一切的那一刻，你会发现自己回到了可以说和邻人一样的状态——事实上回到了和邻人心中的爱一样的爱里，因为你把邻人看作你自己现在所是的那种爱。

当然，宗教和冥想可能对你有所帮助。但随着你越来越成熟，曾经对你有帮助的事物如今成了障碍。只要虔信者仍是一个感性、虔诚的人，他就保持着自身和崇拜对象之间的分离。

因而，真正的虔信必然与智慧结合在一起，因为真正的虔信者明白爱是如下感觉的消融：我是独立的某人，进行着爱和崇拜。真正的虔信者在自己的心灵中认出他者。在真正的虔信中，"存在着他者"这一印象消失了，"万物本质上皆为一"的深刻认识在如此大的程度上占了主导，以至于很快我们就无法将他者视为他者。于是，我们将他者视为爱的显现，而这种爱同时也显现为我们的身体。整个创造被经验为一场广大无边的神圣游戏，犹如湿婆之舞，犹如一首无尽的天歌。这首天歌是自发唱响的，只为致敬"未显者"（the Unmanifested）的荣耀。

自我接受（self-acceptance）乃是真正的虔信进路的基石。我决不容许任何使自己难堪的念头、感受在觉知中出现；我抑制它们，活出了一个更好或更糟的自己。就这样，我把自己钉在了"我是个人"的信念上。但实际上，正是我让隐藏的阻抗、恐惧、虚荣等无法显现，去经受光明之光的烛照。

自我憎恨只是一种逃避，而且是一种危险的逃避，因为它在社交中相当容易被人接受。但事实上，那根本不是谦卑。自我憎恨基于一个荒唐的信念：存在着一个"无限光明的爱"以外的人。那是自大，而不是谦卑。

有人曾经问我："你更爱什么，爱还是你自己？"

当你看进自己内心深处，就会发现这个问题没有答案，它是个诡计。因为经过深刻的反思，你会发现这个问题的真实含义是："你更爱什么，你自己还是你自己？"因为你自己就是爱本身。

你绝不可能憎恨自己，你所憎恨的是你制造的自己的形象。但你是一个形象吗？

不要试图理解你口中的"导师"。你已经把他变成了一个形象（我可以向你保证，他不是一个形象），那就是你为什么认为他为你做事，他给你恩典。

思考一下吧！每一个真正的导师难道不是告诉你、向你表明、向你证明你不是行动者，也不是享受者吗？而你又在做什么？你在把导师变成一个行动者……

你看到的导师其实是一间空房子。导师是一种辉煌的"空"。他就像一颗已经清除了各种污垢和灰尘的钻石，阳光毫无保留地穿透它。但闪耀的不是钻石，而是太阳。即便如此，也不是导师在说话，而是自由、知识、爱本身通过你感知到并称之为导师的"人"在闪耀。按导师自己的观点（姑且这么说），他不是导师，也不是别的什么，而是爱本身，和你们一样！所以，绝不要试图理解导师，那没什么用。

你唯一能做的是接受某个可靠的传统、某个合适的人的邀请——接受邀请去看，去听。等时候到了，你潜入自身，会发现你正在听你所听，看你所看。

在那一刻，你跨过了门槛。你是自由的，你就是自由，自由即你始终所是的经验本身。

剩下唯一要做的事，就是消除一个疯狂的习惯：往各个方向发射"我"，谈论"我"的自由、"我"的理解、"我"的爱等等。当你明白不存在拥有这个身体的"我"，它只是个语言把戏——首先把身体称为"我"，接着把身体感受为"我"，再让这种第二位的感受去谈论"我"的身体……如此这般，你对于"我"（作为拥有者和行动者的"我"）的观念与感受很快就会消失。

当"我"消失，解脱成为可能，解脱便发生了。你必须消除"'我的'解脱"的观念，那也许是最大的陷阱。解脱的不是私我或人格，解脱恰恰是私我与人格的消失，是"我"和"我的"的观念的消失。[1]

解脱是完全地、绝对地一无所有。

---

[1] 类似的表述如："解脱绝不是'个人'的解脱，而始终是从'个人'中解脱。"（尼萨格达塔·马哈拉吉《我是那》）"自由是因摆脱人格而来的自由，而不是人格本身的自由。"（沃尔特·齐尔《古鲁》）我的古鲁再三告诫我："你在寻求的是私我的自由，而不是因摆脱私我而来的自由。"（沃尔特·齐尔《论概念》）——斯瓦米·杜迦南达

导师与光明[1]

随着我们越来越注重自身内在的知识部分（chit），我们的心灵不能不产生飞跃，充满了对导师的爱，正是导师向我们揭示了我们的所是。正是真导师的在场使得智慧道路上的弟子成为虔信者。

无一例外，弟子都认为自己的古鲁（guru，印度人对导师的尊称）是自古以来最辉煌的存在。

这就像我们在觉悟真我的道路上遇到的许多事情一样，既是对的，也是错的。

为了获得正确的态度，我们不得不思考古鲁实际上是什么，以及弟子发现的又是什么。

---

[1] 原载于《山径》，1976年7月。

首先要完全明白的是，最终只有唯一的古鲁。

无知的弟子把"个人"（a person）投射到了古鲁身上，这完全是合理的、不可避免的，因为弟子是无知的，不禁这么做了。但弟子的无知并不真的把古鲁变成了"个人"！按古鲁自己的观点（姑且这么说，因为古鲁没有"观点"），他不是一个觉悟的男人或女人，而是终极实在。古鲁本人不仅把其他真古鲁，而且把每一存在者视为终极实在。对于古鲁，没有黑暗，没有无明。他将自身和众生视为知识本身。按他的观点，无知是从一个疯狂的角度看待的知识，甚至连这种疯狂的看待方式实质上也是知识本身。

然而弟子的情况却截然不同。我们要完全明白的第二点是：弟子无知。

这很棘手，却是实情，它必须被验证、接受、理解和领悟。

在奥义书中，弟子不是祈求"让我的灯再亮一点"，而是请求"哦，主啊，引领我从黑暗走向光明吧！"这是对弟子的真实写照。

我们必须弄清的是，念头无法知道任何事物。一个念头是一个形象（image），像云一样飘过。一个形象根本无法理解任何事物。念头是知识叠置上形式，而形式也无非是知识，就像陶罐无非是黏土。念头本身一无所知。弟子又是什么？有人认为弟子是一个念头、一个个体、一个概念。这个"概念的个人"（concept-person），即弟子，逐渐相信他正在开始理解。这完全是错误的，甚至在古鲁为了教育而肯定这一点时，这也是错误的。但古鲁一有机会便向弟子指出，如果他细察就会发现，并非作为虚幻的"个人"的他正在获得理解，实际上，这种理解乃是一种古怪看法的逐渐消失，此种古怪看法便是：他是"个人"，是某种仿佛活在真理之外的东西。要知道，真理之外一切都不存在……事实上，根本就不存在这种"真理之上"或"真理之外"的东西。

由此，弟子逐渐变得越来越小——今天少了一英镑的无知，明天又少了一英镑的无知……在此过程中，弟子感到自己越来越轻，对导师的敬畏、尊重和爱却越来越重。这不仅是不可避免的，而且，如果弟子是真诚的，古鲁也是个真导师的话，这正是弟子被引领着进入其真正居所的门径。

这条径路上潜藏的危险源自弟子的错觉：以为自

己——表层人格——开始理解了。弟子所能获得的理解只有一样：古鲁在弟子内部的在场。古鲁即知识。只要弟子有二元论的观念，他就是无知，完全的无知。当古鲁把火炬带进无知的黑暗洞穴，洞穴就被照亮了。洞穴可不要以为自身本是光明的！洞穴中的光明来自火炬，而非来自洞壁。弟子获得的理解是古鲁的光明，而不是洞壁的光明。

在古鲁所是的光明中，洞壁开始粉碎。但别让洞壁的最后残余认为"我知道"。那个说"我知道"的，是无知者。

当古鲁已然执弟子之手，并向弟子揭示他是什么、不是什么，当弟子已然接受这种邀请，跟随古鲁潜入他自身存在的最深处，在那里，弟子将发现他的真正所是：存在-意识-喜乐（sat-chit-ananda）。这是弟子的真我，也是古鲁的真我；只不过古鲁仅仅是"那"（That），而弟子是"那"叠置上"个人"的幻觉。所以，不要让"个人"认为：我是绝对实在（absolute reality）。

记住，这个陷阱没有弟子躲得过，但不要紧，能走出来就行。

当古鲁说你是真理（truth）本身时，你要看进你的内心深处，在那里，你会发现古鲁的在场——存在-意识-喜乐。在那里，没有人宣称"我已然理解"。在那里，你是理解本身，而不是一个正在理解的弟子。"一个正在理解的弟子"的观念是后来才产生的——当你再度将古鲁投射进了时空里，而投射的原因在于一个事实：你将自己视为时空里的某人。但实际上，古鲁是绝对实在。

即便是极端保守的智慧修习者，有一天，当他突然发现自己面对的是古鲁所是的终极大爱，他也不能不泪流满面。在那一刻，头脑和心灵融化了；在那一刻，弟子明白必须放弃这一观念："我"是已然获得理解或尚未获得理解的某人。从那一刻开始，事情进展得相当迅速。很快，弟子便从自己的角度发现头脑和心灵只是真理的投射，而不是真理本身。头脑和心灵无论多么接近真理，仍是无知领域的一部分。然而，甚至对于走智慧道路的人，心灵也比头脑重要——头脑只是心灵的表层。

苏格拉底是个伟大的导师、真古鲁。他说：智者，即圣人，就是知道自己无知的人。我们一定要完全从字面上来理解这句话：弟子完全无知。因为人格不过是个概念，而概念不可能有知。古鲁无疑是了解这一点的人。古鲁就是知识本身，而我们却要给他安上一个知者的身份。

你绝不能预料这种爱的知识会如何转变为话语，在某个时刻、某种情况下带领某个弟子认识他的所是。古鲁常常给出预想不到的回答。假如他对弟子说"一定要多吃"，那并不意味着所有弟子都要多吃。同时，这样来判断古鲁是荒谬的：他不可能是个真导师，因为他建议人们多吃……

对待事情最好保持谦恭。渐渐地，我们开始放弃意见，取而代之，我们学会聆听。

要让聆听中的听者消失，仅仅成为聆听本身。聆听，而无听者投射进去——这就是终极者的目击态。

许多人刚开始非常愿意接受自己是无知的。但渐渐地，他们在旧我和新我之间做出了区分：旧我需要抛弃，新我则是真理。他们感到真理在自己内部生长。

在这条径路的某个地方，我们必须认识到，并在接下来的行程中时刻怀抱这种认识：不存在两个自我。真理是无限的，它不可能生长。那是一种错觉。其实是虚假在变小，而不是真理在变大。

真理实际上是人格的完全脱落，包括人格的选择和人格的投射（被称为"世界"）的脱落。哪里有光，哪里就没有黑暗；哪里有黑暗，哪里就没有光。

黑暗仅仅是一种疯狂的观点。但别让这种观点将自身当成真理。当我们立足于光明本身来看这种观点，它就消失了。不存在妥协。不存在"觉悟的观点"这回事。当这种观点（即黑暗或人格）采取"我知道"的态度，它表现得仿佛它是无限者，可它是有限的。无限者不以任何方式来表现，无限者就是寂静本身。当你试图模仿真理，你就阻碍了一切。①所以，绝不要认为你理解了哪怕一个词——你没有理解。已然发生的惊人之事是：以某种不可言喻的方式——让我们说借助古鲁的恩典——你已从黑暗被带入了光明。当你身在超越语言的光明之中，你就是光明本身。随后，你回到你的观点、立场、人格，回到黑暗之中。但你已然看到这种黑暗是由对来来去去之物的认同构成的，因为你能够进入"那"——内在于你又超越你、永恒、无限、不来不去

---

① 通过模仿小丑，你可以成为小丑。通过模仿游泳者，你可以成为游泳者。然而通过模仿，你不可能接近真理。模仿包含学习的过程，包含改变，但改变无法承托真理。——杜迦南达

的"那"。

那时，你唯一要做的就是放下那些认同，而放下的唯一方式始终是看清楚、听清楚。但在看时，不要投射观看者，在听时，不要投射聆听者。

每当你清醒地打量某个认同，它就会消失，离你而去。有一天你会发现，那座装满了投射出来的种种"你"的房子空了。那时，你便知你一无所知。那时，觉悟真理变得可能，而当觉悟变得可能，觉悟便发生了，你（其实不是"你"）发现你就是知识本身。

人格只不过是幻想出来的形象，一旦看透它，便知捍卫它是荒谬的。而更为荒谬的，是捍卫万物的"最终基础"。这实在是匪夷所思。只有观念能被捍卫——甚至这样说也不对。一个观念怎能捍卫另一个观念，既然两个观念不能同时存在？

不存在"健康的人格"这回事，就像不存在方的圆或干的水。"我是时空中一物"的观念乃是百病的根苗。

不存在"不设防的人"。人格本身即是最后的防御，是我们所是的无限者内部的某种有限之物的投射，是对某个形象的依附。

我见过许多人冥想并进入沉寂，进入念头的"缺席"。但这种"缺席"本身仍是一种念头，一种被察觉之物。在这种沉寂中，有个人在，他在等待奇迹发生。可这个坐等的人，要如何摆脱这个等待的人呢？那是不可能的。人格不会自己摆脱自己。

自由是摆脱人格的自由，而不是人格本身的自由。

每一个真诚地渴望自由——不仅仅把自由当作概念或玩物，而是渴望作为真实本身的真自由——的人，都会找到自由。

但只要我们认为自己身在二元性中，正从假我走向真我，我们就必须纠正自己的观点，直到没有任何观点。

既然如此，为什么不直接拒绝观点和意见呢？只要留心观察"人格感"（personality-feeling）如何出现，如何激起愉悦和不悦，如何捍卫自己的虚荣。不要与它作斗争，只是观察。

在你观察它的时刻，你在哪里？不经意间，你完全自发地占据了"终极者"的目击之位。从那里观看人格反复无常的变化，它们就会逐渐消失。有一天，你甚至会在超越目击之处安身立命。只有到了那时，你才是真正自由的，真正知道自己无知。知识本身能够知道什么？存在的唯有知识本身，知识之外不存在知识可以知道的东西。①

在客体出现之后，我们才说看见它，更准确地说是见过它；而此时，客体已经融入了意识，融入了知识本身。所以，二者并不同时存在。在你深入自身的瞬间，客体消失了。在你尝试以目击者的视角观看世界的瞬间，可以说世界消失了。

修习者（弟子）逐渐在各个客体之间见到一点光。自由之人见到的则是光、光、光，可能还有光在各处的某种游戏，某种类似于极光的东西，这就是人们所称的客体。自由之人见到幻觉，知道并经验到那只不过是幻觉，是光，是游戏。弟子见到幻觉，则认为那是实在的世界——牢固、可靠，这是触觉给他的第一印象。

只有当弟子明白，他的触觉连同其余四种感觉只不过是出现在心意或意识（觉知）中的被感知之物，因而只不过是念头，到那时，投射在被感知之物上的实在感才会开始消失。

当你明白你感知到的唯一之物是念头，你便发现，念头只不过是心意或意识。继而，你抓住永

---

① 你就是知识本身。这是齐尔说这些话的前提。——杜迦南达

久的部分——目击态，放下许许多多的"我之念"（I-thoughts）和"我之感"（I-feelings）。最终，你发现你感知到的唯一之物甚至不是念头，而是意识本身，即阿特曼-梵（Atma-Brahman）。在那里，所有幻觉消失了，没有世界，没有念头，因为喜乐或圆满无需任何事物来维持其所是。当终极圆满沉思自身，所见的唯有自身，甚至在无知者自认为见到客体之处，也唯有圆满自身。如果在终极圆满（也就是寂静本身）中出现了其他人称之为"客体"的东西，这所谓的"客体"则被视为一次对寂静的祈祷，一首颂述不可思议者之荣耀的歌，一场普迦（puja，日常礼拜仪式）。创造只不过是对终极寂静的普迦。

要用你的整个存在来看清，你迄今为止所称的"世界"只不过是念头，换言之，它仅仅是梦。要否定梦本身的真实性。梦中唯一真实存在的是意识，梦在意识中出现。要一再地注意到，做梦者本身即是梦的一部分。

当你看清这一点，你就会醒来。当你明白做梦者是梦的一部分，因而不是有人在做梦，而是梦出现在意识中时，如电光般明澈的是，"这"（This）就是你所是——"这"，其本身没有形式，梦从中出现。

同样，没人是清醒的（就像没人在做梦）。无人受束缚，无人得解脱。因为我们就是那唯一的实在，在它之中，梦和做梦者出现并消失。

无数的问题归于唯一的问题：你认为，你是有种种问题的某个人。再没有别的问题了。

世界之心①

回顾童年，十分明确的是，我把许多潜在印迹（samskara）带进了此世生活。我出生在牧师世家，我的父亲、祖父和外祖父都是新教加尔文宗的牧师，我们家的全部兴趣集中在宗教问题上，几乎在我开口说话之前，家人就已教我如何祷告。

据说在生命中最重要的方面，一个人的童年起到决定性作用。这在我身上无疑应验了。在我灵性生活的一连串冒险中，有两个事件是标志性的，它们使我急切地寻找可以启示我的人。叫人难以置信的是，最后竟找到了。

第一个事件发生在我快要5岁时。一位四处游历的著

---

① 原载于《山径》，1977年1月。

名传教士来到我们村里,举办有关荷兰新几内亚(即现在的西伊里安)的巡回展览,那是他工作过的地方。我还记得一些展品,不过更重要的是,他住在我家,和我们一起吃饭。

有天吃午饭时,他告诉我的父母,这次他不像往常那样,乘船从东印度群岛(即现在的印度尼西亚)旅行,而是走了部分陆路,穿越了英属印度。

这个词——"英属印度",犹如一道闪电击中了我。当时我年纪尚小,之前不太可能听过这个词。它却击中了我,仿佛要把我裂成两半。我惊奇得一动不动,难以解释地从中认出了某种非凡的东西,某种奇怪地令我渴望的东西,某种类似于至善甚至几近于上帝的东西。

不久就发生了第二个事件。我想那可能是在1928年春天,当时我5岁。

我在一小块草地上玩耍,用沙子做蛋糕,随后,我抬头望向一道篱笆,上面开着细小的粉色花朵,还有弹珠那么大的白色小球。

我不知道是什么触发了的,突然,整个世界和我自己变成了光。我跌进了三摩地。然而,这个事件尽管令人印象非常深刻,可它却是再普通不过的。即便如此,小小年纪的我也决定保守这个秘密——事实上,直到20岁左右,我才向人谈起。当时,一位密友正在为我读一本古代东方神秘主义者的书,同样的事再度发生。突然,没有任何先兆——一向如此——三摩地将我融化。

当然,在我5岁至20岁期间,发生了很多事。但那件事是个新的转折点,使我确信,我不得不向东方寻找我那些问题的答案——那些问题我问过家里所有的神学家,以及别的神学家,可连模糊的回答我都不曾得到。

我继续阅读,虽然找到了许多感兴趣的书,但其中没有一本能给出我想要的答案。渐渐地,寻找答案变得十分迫切。而第二次自发进入三摩地之后,我发现,无论我怎么尝试,都不能主动进入那种状态。于是,我陷入了深深的沮丧。我决定,必须找到古鲁,如果找不到,生活就不值得继续下去。

正当那时,一位年长的女士——我一个朋友的母亲,借给我两本书。第一本书的作者是辨喜(Swami Vivekananda),书名为《智慧瑜伽》。当时,我不知道这本书及其作者举世闻名,对我来说,它和其他任何书一样。然而,当我开始读它,我的内心犹如发生了一场爆炸。我终于找到了能将我直觉到却又无法表达的东西诉诸言语的人。

接着，第二本书——作者是保罗·布朗顿（Paul Brunton）——做了剩下的工作。当我读到印度有位健在的圣人，可以让你和他对话，向他提问，并获得真正的答案时，我的天空再次变得蔚蓝。唯一让我担心的事便是，在这本书出版之后，这位圣人或许已经离世。当时没有办法调查，因为正在打仗。

但我决定相信书中对他的描述，并开始专注于他。在《探索神秘的印度》一书的荷兰语版本（改名为《隐藏的智慧》）中，有张被我用来冥想的薄伽梵的照片。起初，我非常努力地专注于心脏这个中心（心莲）——当然，这是他传授给我们的工具，用来超越现象。

由于我有着相当强烈的瑜伽士的潜在印迹，没过多久，我就能轻而易举地直接进入心莲。

在冥想期间，我十分努力地专注于薄伽梵，不久，我便对他的鲜活指引有了确信。

然而，这还不够。尽管作为不可思议的预备，这是有益的，它的的确确马上消除了所有压抑的倾向，也的的确确帮助我看清了我不是身体，不是这个，不是那个，但却没有将我安置在真正的中心。

那时，我还不知道的是，由于对身体的紧密认同，我们必须至少一次，最好多次将身体带到真古鲁活生生的在场中。我所知道的是，我必须在那个印度小镇见到那个奇妙的人。我越来越多地专注于他，有时几乎在和他吵架，要求他助我一臂之力，使我能够见到他。我赢了——尽管现在听上去有点荒唐。他使我非常强烈地感受到了他的在场，随之而来的是我的确信：我要亲自去见他。

我无法知道，在这种修习中，哪一部分是我自己的投射，哪一部分是薄伽梵的真正在场。可以肯定的是，每一位修习者都把个人投射在圣人身上——一个走路、说话、吃饭、怀着各种意愿的人，却不明白从古鲁自己的"观点"来看，根本不是那样。真古鲁从不给修习者任何东西来抓。他就像空气，只要你试图抓住他，或找到任何抓手，他就消失了。你无法抓住他，就像你无法把阳光装进盒子里。但阳光就在那里，再明显不过了。

尽管如此，过了好几年，直到1950年初，我才终于到达那个印度小镇。一切恍如昨日，我还记得从马德拉斯过来的火车之旅，以及第一眼看见的阿鲁那佳拉圣山——一轮满月高悬山顶。一个很好的兆头，我心想。

彼此争吵的脚夫们在我意识到发生了什么之前，就抓起了我的行李；我坐上马车，车夫喊着"嘿，嘿"——重音总是落在第二个音节。一切仿佛刚刚发生，而我不在其中，好像我已经变得完全透明。我从薄伽梵的静修所附近的朋友那里得知，他病得厉害，不过这也让我知道自己已经及时赶到，而他也遵守了助我抵达的承诺。那以后，再没出什么岔子。

几个小时后，罗德·麦克艾弗（Roda MacIver）——他现在还住在静修所里——带我去见他。他坐在连接房间和门厅的小走廊里的一张椅子上，远远看见他，我就开始全身颤抖，不是因为紧张或不安，而是因为见面带来的震惊。我来了，可这究竟意味着什么？我是一个透明人，而在那里，坐在椅子上的，是光本身，明亮得就像我从未见过任何东西或任何人。

罗德把我介绍给他，薄伽梵看着我。他几乎没有说话，但他的脸、他的在场说道："好，你终于来了！"

我被邀请坐在一群人中间，可能有十个或十二个人，背对着他面对的墙。我看啊看。很久以前，我就失去了信仰，失去了童年时的信念——没有神乘云而行，也没有灵魂。现在，突然，光本身就在这里，明亮的光,穿透一切的光,如同X射线,穿透了我。

同时,薄伽梵似乎满不在乎,四处张望,微笑地看着树上跳跃的松鼠;他和侍者交谈几句,有时打上半小时盹;然后立刻完全清醒,不是看着你,而是看透你,就像看着街道一样随意,毫不费力,但只一瞥便对你一览无余,并且留意到了发生的一切;然后,他再次用他那修长的手指摩挲他的头。

在那些日子里,他一天出来两次,早上两小时,晚上两小时,好叫我们见到他。

对我来说,在最初的那些日子里,他的在场带来了我曾希望找到的一切——事实上远超于此。我知道,即便在我的心最澄明的那些时刻,我也绝不可能想象这种辉煌在场的哪怕一个部分。它的光芒穿透一切,将我带到现象之外。

在第二天,或第三天,我不能不嘲笑过往生活的荒诞。我曾是谁,竟造了一座种满问题的花园?究竟是什么给了我这一印象:我是如此重要,以至于我应该拥有问题,也就是种种疑问和需要摆脱的复杂状况。

尽管在我意识到之前,我已开启了"我是谁"的修习,但现在,在他面前,这是件完全不同的事。在这明亮的光中，毋庸置疑，我不是身体，不是私我——这无需任何分析。这光一次扫清了我的全部黑暗。

之后，过了一周或两周，我的心中生起了恼怒。因为我注意到，当我回到静修所对面一位荷兰朋友的小屋，薄伽梵在场时的那种总是扫清一切的澄明辉煌的状态便离我而去，在问题出现时，我完全不能解决。

过了几天，我变得叛逆，决定和薄伽梵讲个明白。

当我在下午的见面时间走进静修所，我拒绝消融在他那强烈如常的光芒中。我拒绝他的祝福，可以说那相当困难，就像打自己的母亲耳光。然而，我决定顽固下去，因为我寻找的不是天堂般的时光，而是从无明中持久解脱。

当我从他面前经过，用印度人的方式向他问候，一个微笑闪过他的脸庞——就那样。在那一瞬间，我已然完全确定他什么都知道，但他根本没有在意。他将他的光芒洒在所有访客身上（随着他即将离去的消息迅速传播，访客与日增多，许许多多的人想在他离世之前见到他），用手摩挲他的头，看看松鼠，打一会儿盹，或者全然不动心地看着某物或某人。

我在他对面找了个位置坐下，就在檐廊下。那时，檐廊挨着门厅边缘,现在,檐廊已经并入门厅。

在那里,我开始了炮轰。我用念头全力朝他开火:"薄伽梵,如果一离开你我的问题就回来了,你的那些光明于我又有何用?"大概是这个意思吧。

薄伽梵充耳不闻。于是,我甚至更用力地专注于他,开始用我的念头摇撼他,仿佛他是一棵果树。我必须得到答案。

突然,他看向我,带着诧异的微笑。他用这个微笑问我:"你想要什么?"然后,他脸上的表情变了:"你在寻找眼镜,而眼镜就在你脸上戴着!"接着,突然,他的双眼放射光芒、喷出火焰,他看着我,目光直接刺穿我的胸膛,刺进我的心。我在他面前常常感受到的心莲开始变暖,随后像火一样滚烫,接着开始冒出火花,就像心脏旁边装了台电机。我坐得像针一样直,双眼陷在他火焰般钻心的目光里。"杀了我吧",我祈祷。

我不知道这持续了多久。这超越了时空。直到某个时刻,我的身体再也承受不住这种张力,我的胸膛像要爆炸,我请求他放过我。

就这样,我得到了我来寻求的东西。对于我从薄伽梵那里接受灌顶的这些描述,当然只是泛泛而谈。实际上,这是一种彻底的转变,即尼采所称的"价值重估"。就这样成了,而薄伽梵一个字也没说。沉默中的交流胜过任何言语交流。

然而,我仍需要言语。

几天后,就在薄伽梵离世之前,我决定离开蒂鲁瓦纳马莱。那儿至少有一千人,我们只能在门口站上十秒或二十秒,看看躺在床上的薄伽梵。我想,他应该独自待着。

回到孟买朋友的公寓之后,我才惊愕地发现转变已在何种程度上发生。在来印度的路上,我一直在读斯宾诺莎的《伦理学》,那是一本相当难啃的书,我不得不逐字细想。去见薄伽梵之前,我把它留在床上了,没合上。回来之后,我把它重新捡起,发现几乎能像读小说一样读它了。

然而,这一切还不够。虽然和薄伽梵相处的两个月已经把我整个翻转了过来,但这段时间太短,不能移除所有障碍,只是当时一些根本问题尚未显露,一些错误尚未认清。比如,我有着相当强烈的瑜伽士倾向,不能理解为什么不是意识出现在昆达里尼中,而是昆达里尼出现在意识中。我不知道自己是从哪里获得那种错误观点的，但直到有人将我的注意力引向那里，我才产生了对那种观点的怀疑，这发生在薄伽梵离开肉身之后数周。其他新问题也开始戏弄我，比如，这种神秘的深眠状态怎么样？又如，"你永远是念头的目击者，而不是思考者"这简单的一句话说明了什么？如此等等。

尽管我远未满足，但我并不痛苦，也没有像在欧洲时那么焦虑。如果薄伽梵已然证明存在着高如珠穆朗玛峰的帮助和确定性，那么他不会在肉身脱落之后离开我。所以，我以全然的信心等待着。

帮助真的来了。

大约在他离世后的第三个月，我常在想象中和他进行的讨论有一次突然变成了或许可以称为"视见"（vision）的东西。突然间，我回到了他的静修所，坐在他对面，就像我第一周和他相处时那样。一如当时，那里人很多，或许有一两百人。

我默默地许愿："哦，薄伽梵，我想单独和你在一起。"让我几乎没有想到的是，有人起身，拜过薄伽梵，离开了。紧接着是第二个、第三个……很快，走廊空了，只剩薄伽梵和我。

我坐到他脚边，看着他，说："多么奇妙，和薄伽梵单独相处。"他的脸上再次露出那种微笑……那笑容里常含着一个世界。我沐浴在光和爱中,不过,这次稍稍加入了某种讽刺意味,使我意识到了自己想法的可笑——当他缓慢地、清晰地吐出每一个音节:"你……难道……不是……始终……单独的吗?"

这个相当"薄伽梵式"的点评立刻使我充满了快乐与信服。我立刻明白了他的意思——我又彻底"回家"了。

然而,我很清楚自己的新问题,于是问他该怎么办。他指示我去见某个人,我后来发现这个人非常可敬,不可思议的是,对方允许我在数年时间里经常和他见面,直到我消除障碍。

在那次"视见"期间,我问薄伽梵他的古鲁有没有觉悟,薄伽梵再次抛给我一个隐秘的回答:"他既没有觉悟,也没有非觉悟。"我用了一周才理解他的回答:"觉悟"和"非觉悟"是我贴在别人身上的标签。但薄伽梵向我谈到的那个人超越了标签,我很快便确证了薄伽梵的话。

现在,已经过了25年,我有时仍和薄伽梵在一起——我指的不是和作为纯意识或"阿特曼-梵"的他在一起,而是和作为"典型的薄伽梵式在场"的他在一起，无论有没有形式。虽然我不再对视见之类的感兴趣，那是具有瑜伽性质的现象，但是，当他突然以某种方式出现，他的在场要么使我眼中充满爱的泪水，要么使我洋溢着快乐，心都飞上了天。这是他的心放出的光芒。他的心是世界之心。

薄伽梵对我意味着什么？[1]

我自问：一直以来，薄伽梵对我意味着什么？我发现，这个问题不可能有简洁的答案。

或许最重要的是，他打开了我的心。第一次见他，甚至远远地，我就认出了"这"就是我一直在寻找的。当我说"这"是光芒四射、渗透一切、颠覆一切的爱，以闪电之力击中我时，我知道，只有那些有过同样经验的人才能明白。对于其他人，我说的都是废话，充其量制造了一个崇高者的形象。

室利·拉玛那·马哈希是不可思议者，因而是不可言喻者。

---

[1] 本文最初收录在信众追忆拉玛那·马哈希的合集 *Ramana Smrti* 中。该书由拉玛那静修所于1980年出版。

在全世界的文献中，你都能找到对悲伤的动人描述。但谁能描述快乐呢？快乐是一种没有私我的状态，因而在快乐中，没有人描述甚至记忆。我们记得的是快乐的余韵，即快乐在情感和身体上的反映，而不是我们作为快乐本身而存在的时刻。

拉玛那·马哈希不是我看见的那具靠在椅子上的虚弱、年迈、正在走向死亡的身体，而是不可思议的无私我性、纯粹的光芒，而身体——无论我们多么爱其模样——仅仅像是一块闪耀的钻石，反射着他真正所是的光芒。

初来乍到的我不理解这一切。对于我，他是圣人般的人物，我倾向于将他比作耶稣或佛陀。但耶稣或佛陀是我脑袋里的形象，其形成的基础是我在成长过程中被灌输的信念，以及我后来听到和读到的故事。但室利·拉玛那·马哈希从我见他的第一秒起，根本就不是我头脑中的一个形象。他是一颗炸弹，一见面就迅速地、无言地引爆了我生命中的神话，而他那著名的，对有些人来说恶名昭彰的问题"我是谁"直接获得了全新的色彩。见到薄伽梵之前，有几年，我一直在家冥想这个问题，它有着某种神秘的、瑜伽的和哲学的意味，而现在，它变成了"你以为自己是谁，重要得足以拥有一座种满了问题的花园？"这个问题不是吠檀多圈子里常说的对私我的谴责，而是将私我推到了一个纯粹惊人的位置——天哪，告诉我，你何以如此执迷不悟，竟至于认为你的私我很重要？你一直在珍爱私我，甚至拿各种重要问题去喂养它，栽培它，而不明白私我只是蠢物，或对幻想的信念。你到现在为止的生活被误导了，误导你的是对某种纯粹想象出来的东西的信念。

此外，"我是谁"这个问题不包含谴责，而是一种发现——突然，有什么向我揭开，让我陷入了纯粹的惊奇。也许这就是它的触发机制。薄伽梵的在场向我揭示迄今为止我是多么愚蠢——是爱揭示了这一点，而不是我们非常熟悉的"父亲什么都知道"的批判态度。与光明面对面揭示了我的黑暗，这光明没有谴责我或希望我改变自己，而是全然地、无条件地接受我、爱我；后来我明白，这光明将我视为光明，而非别的。

当时我不明白，这种面对面不可避免地将我重新投入了我所是的爱中。将我视为拥有问题的怪象，意味着我被带到了超越我的位置，即意识本身的位置。纯粹意识乃为众生共之，意识之外无有一物。在与薄伽梵面对面时，我不再是一直以来的我，而是一个奇物，光的海洋中小小的一个光的旋涡。

我已在别处①描述过我与薄伽梵的"冒险"：因为我发现这种无法抗拒的喜乐与光芒在我离开静修所时会离我而去，我如何在某个时刻生出反抗，然后，他又如何破除我的内在壁垒；遗憾的是，我和他才相处了不到两个月，他的身体就像一片枯萎的叶子飘然凋落了，而我的问题尚未得到完全解答和解决；在他离世之后不久，他向我显现，为我指点了一个十分可敬与崇高的人，此人在接下来的几年里允许我留在他身边，直到完成对我的指导。

换言之，直到三四年后，他的沉默所揭示的内容对我造成的全部影响才得以显明，并成为"我的"。也许这里的"我的"指出了问题所在。薄伽梵彻底击碎了作为个人的我可以觉悟真理的幻觉。他向大多数人提供的修习的中心点，乃是邀请我们检省是谁提出了问题，是谁来见他，是谁想要觉悟，是谁感到喜悦、悲伤或愤怒，是谁在欲求或逃避，等等。

---

① 见《世界之心》。

我真正想要什么？
——智慧瑜伽答问

最近，我听说一个"觉悟之人"（其实没有"觉悟之人"这回事）对他的一个弟子说："只有一个问题——'我是谁？'"但我们带着许许多多问题而来，因为我们的信念"我是个人"产生了其他诸多信念，比如：如果我们觉悟真理，就会有某种特定的表现；我们应该或不应该吃喝某些东西；爱是你能够给予他人或从他人那里接受的一种东西；等等。解决了"我是谁"的问题，这些问题就都解决了；在那一时刻，我们突然在所有感知中认出了我们始终所是的光明，这光明在常被认定为"好"的感知中，也在常被认定为"坏"的感知中，在常被称为"世界"的感知中，也在常被称为"私我"的感知中。自我觉悟绝不能通过改变私我来达成，我们不是私我。自我觉悟在可能的时刻出现，那时，你完全认清了一个事实：我不是私我，我没有私我。我是不可思议的"那"。一切事物（包括"我是个人"的念头在内）皆从"那"中生起，而在我感知的念头、情感或感官知觉融入"那"之后，"那"继续存在。

室利·薄伽梵曾经问过某人："你怎么知道你没有觉悟？"沉思这个问题，你会发现它像一场地震。是谁说自己没有觉悟？是个人，而个人仅仅是一种思想习惯。一种思想习惯或者念头如何能够知道"我是谁"？表面上看，说自己没有觉悟是极其谦卑，相当容易令人接受的："啊，可怜的我尚未觉悟，我离觉悟还很远。"①可实际上，相信念头能够知道"我是谁"是疯狂的。②想象那不可想象者，并对它产生看法，是为思想的傲慢和虚荣。

所以，深思这个问题，你只能得出如下结论：当室利·薄伽梵说"真我始终觉悟"时，他又一次明明白白地说出了真相。

如果你想要了解英国，不会去中国大使馆，而如果你想要了解中国，不会去英国大使馆。但在自我质询的问题上，我们却总是犯错。我们向非我（not-self）了解真我，我们参究绝对者的形象，而未认识到绝对者的不可思议。一个中国人可能去过英国，一个英国人也可能住在中国，但可思想者和不可思想者绝不能以观念或形象来调和。所以，觉悟真我不是凭借改变思想和圣化行为，而是凭借这一洞见：身体和感官不能感知真我，思

---

① 这叫"假意谦卑"，是极度渴望被认可的私我的一种表达。——杜迦南达
② 相信私我能够知道"我是谁"，乃痴心妄想。——杜迦南达

想和情感不能表达真我，真我始终是真我，无论身体、感官或心意如何恶作剧。觉悟真我发生在我们停止质询可感事物，而开始聆听真我之时。可真我或绝对实在显然无法成为我们的聆听对象，直接冥想真我绝无可能，所以，这也如何做到？

但我们可以将注意力导向念头、情感和感官知觉消失后留下来的东西上。只有始终存在的，才配得上"我"之名。念头、情感和感官知觉转瞬即逝，所以，"我"绝不是任何可感之物。"我"是无物被感知时的在场，一切感知从中生起。

实际发生的是，当觉知被导向真我，觉知便融入真我，并且觉知到自身。

但无论如何，在各个层面上弄清"我是谁"这个问题的答案，是必不可少的。无数瑜伽士通过专注于觉知而进入了各种三摩地，却在出了三摩地之后像以前一样无知，甚至比以前更加无知。那是因为他们没有明白个人只不过是个出现在意识中的念头、形象，如同水中之波、空中之风。波起波平，风作风息，水和空始终不变，完全不受影响。水始终是水，空始终是空。

尚未明白这一点的瑜伽士固执如下信念：进入三摩

地的是个人。这或许比另一种迷信——"我是一个无知的人"更加危险。有很多人,甚至我们这个时代很多世界著名的灵性领袖,就困在了此处,无论印度还是西方都是如此。他们谈论变得更加博大,抵达更高境界,拥有更纯的爱,等等,却完全忽视了这一点:任何能够改变之物都是可感事物,而我们绝不能被定义为有限的可感事物。他们谈论享受神之爱,却没有看到在爱中并无作为享受者的"我",爱乃是我们的真实本性;他们没有看到我们作为爱存在,而非作为正在爱的"我"存在。

"我爱"和"我恨"看似如此明显,并且时不时发生。"我是谁"的问题帮助我们解开这种非常明显的缠缚。直面这个问题,缠缚终将消失——但我们必须直面这个问题。

作为私我的你每天诞生无数次,这个"你"没有实在性,没有永久性。实际上,你只是作为一个想象的形象存在于你的头脑中①;实际上,你从未出生……觉悟这一切需要勇气,很大的勇气,因为这与所谓的常识,以及这个世界公认的、推崇的东西针锋相对。光明之师室

---

① 而你的头脑也是你的觉知中的一个形象。——杜迦南达

利·拉玛那·马哈希主张的是"要命"的事！他要作为身体和心意的你死掉。其人其言所宣扬的都是，你称之为"我"的一切在各个层面上完全消失。我们现在所称的"我的身体"是必须消失的观念，没有"我的身体"这回事。我们现在所称的"我的念头，我的感受"必须消失，没有"我"和"我的"这回事。当"我"的幻觉消失，我们现在所称的"我的身体"将被视为仅仅存在于想象中；我们现在所称的"我的心意"将被证明仅仅存在于想象中。谁的想象？"我"是想象的一部分，就像做梦者是梦的一部分。当梦消失，做梦者也消失了。

当你看到，每一感知，无论是感官知觉还是内心的感受，只不过是意识（即光明本身）中的一个活动，从那一刻起，每一感知都在歌唱着光明之荣光，就像你把一朵浪花看作一首海洋之歌。在前来拜访静修所和古鲁的人当中，有99%的人是来为他们幻想的私我寻找食物的。这就是为什么有那么多骗子成功地误导了那么多虔诚之人。骗子们给出智性食物，甚至最可信的文本，给出一种令你感到愉悦的氛围，而作为交换，他们"谦卑"地接受你的钱财。

然而，拉马那·马哈希从未给过我什么。当我来到他身边，把自己视为一个需要帮助的穷光蛋，他向我揭示，我不只是个大富翁，而且是万物的源头。室利·拉玛那·马哈希也从未向我要过什么，甚至没要我的爱或尊重。正是他的在场本身在我内部揭开或解开了不可言喻之物，比如爱或尊重。那比最深的感情还要深。我和他的交接无关乎给予和得到，尽管我在很长一段时间里是那样认为的（他把他的爱给了我，我把我的心给了他）。那是虚妄和真理赤裸裸、明晃晃的对峙，在其中，虚妄经不起检验。虚妄被抹去，但不是因为他想要那样。他什么也不想要，只是如其所是地接受了我。他并不希望改变我。他看见的我乃是我的真正所是——光的海洋中一个光的旋涡。

也许正是他的这种发光的确定性刺破了我的恐惧和欲望，使我放下这种渴望：去丰富虚妄的"我"。当我说他过去和现在对我的意义仅仅在于一个事实——他过去和现在都是他所是，这对你是否有意义？这种确定性让我直面并在后来觉悟了一个永恒、不可思议却又如此简单的事实：我是我所是。

"我的生活"这场电影的大半胶片已经放映完毕，不知还剩多少，但这又有什么关系？到目前为止，这场

我真正想要什么？
　　——智慧瑜伽答问

电影已经上演了最好的和最糟糕的部分：它已经上演了暴力、死亡、战争、盲目憎恨、悲伤和绝望，也已经上演了温柔和崇高，以及突如其来的洞见——在那一瞬间，银幕保持空白，我独自存在，前一刻还是观众，现在却是"空性"。

我又坐在了神庙的阴影里，背靠着神庙墙壁，对面是耀眼的光——拉玛那·马哈希。

他的背后是沙子和椰子树。一只猴子在他身后几米远的地方走着，猴宝宝紧紧抱着猴妈妈，好奇地从妈妈安全的怀中看向他。松鼠在椰子树上爬上爬下。一位侍者摇着扇子，为他带来凉意。

寂静。

有人靠近，向他伏拜，向他的一位侍者递上一束线香，侍者把香点燃。一股香气在寂静中飘浮。

他对我意味着什么？这一切对我意味着什么？

这个问题如今已经变得愚蠢可笑。

我看着他。他向我显明：我就是这寂静。

他所是、我所是的寂静是一切的意义。为了找到它，人们竭尽所能，希望它使他们快乐，引领他们抵达它所是的这种完美的平衡、深刻的平静、一切的达成、无欲的欢乐之根。

我就是一切的意义，是投射在银幕上的图像背后的寂静。这些图像全部指向同一件事：我是它们的观看者，它们的意义源于我。只要"我是个人"的念头尚存，它们的意义就是恐惧和欲望、欢乐与痛苦、对爱的不停找寻。在"我是全部"得到揭示的时刻，意义改变了。爱不再找寻爱，它在每一个地方认出自己。这一最深的意义既非念头也非感受，我们可以称之为爱。爱是人之所是，它找寻自我——光的海洋中一个爱的旋涡。

无梦的深眠是深蓝的寂静，万物，即醒态和梦态，从中生起。这两种状态就是我们所称的万物。一旦你明白这一点，你就明白醒态——世界——是带有形式的寂静。当形式消失，寂静依然在。但没有"我"谈论醒态和梦态，"我"是醒态和梦态的一部分。当这两种状态消失，我们的真正所是依然在，它无名、无我、无形，它是我们称为醒态或梦态的宇宙之源头。

为便于我们理解，薄伽梵称之为"我-我"。

它没有名字，因为在它之中没有谁来命名它。

言语只能给出提示，比如"我是我所是"。

剩下的是寂静。

圣人与思想[1]

问：为什么有人说，圣人不思考（think）？如果圣人不思考，怎么能写书呢？

答：如果什么都是思考的产物，也就是思想（thought，念头），那么思考者（thinker）的位置在哪里？如果整个宇宙皆为名色，而名色只不过是思想，那么哪里有思考者呢？如果你把思考者投射进你的头脑中，"思考者"不是成了一个念头了吗？一个念头能够制造其他念头吗？即使这个"思考者"能够制造其他念头，问题还在："思考者"又是谁创造的？

这没法解释，除非你把答案投射到你自身以外，说

---

[1] 原载于《山径》，1977年4月。本文的部分讨论在作者与其友人之间展开。

是上帝创造了思考者。

然而上帝是什么？在你自身之外存在着什么？你绝不能了解你自身之外有什么。你只知道出现在你所是的那个"有知的在场"中的东西。

由于我们在不同形式的念头之间做出了错误的区分，混乱产生了。当你看见一座山，你不会称之为一个念头。但当你已故祖父的形象出现在你的意识中，你却称之为一个念头。

所以，如果你想要理解实际上是怎么回事，那么你首先必须明白，你所称的山或者你自己的身体也是念头——念头而已。只有当它们出现在你的意识中，它们才向你显现，你所知的一切都是出现在意识中的东西。① 你从来不识客体。至多可以说，你有对客体的感知，但这样说也还不够确切。实际上，你知道的仅为感知，而感知是意识，你可以称之为意识中的活动。

你就是意识。谈论"你的"意识纯属胡扯，因为"你的"本身也只是意识。

所以，在你所是的意识中，"我之念"生起复退

---

① 不是"我的"意识或"你的"意识，只是意识。这是因为"我"和"你"也出现在纯粹意识之中。——杜迦南达

落，被称为房子、街道或山的形象亦生起复退落。这些形象中的每一个，无论你称之为"我"还是别的什么，都是意识中的活动，就像一阵风是空间里的活动。

我们所称的圣人或觉悟之人是这样的人：他已然明白，在作为一切表象（显现物）之原料的无限意识中，"身体加世界"（body-plus-world）时不时生起。如果你愿意，可以把"身体加世界"称为"心意"，但它不是某人的心意。每一个人，即每一个具有名色的显现物，都是其显现的一部分，也包括"我"和"我的"的念头在内。谈论"我的意识"就像波浪谈论"我的海洋"一样荒谬，除非"我的海洋"指我作为其微小部分、作为其表象的海洋。但我们只是表象吗？绝不可能。我们始终是"我是"（I-am-ness），即有知的在场，在它之中，表象出现复消失。我不是某种在大多数时间里消失不见的东西。我是那，表象在其中出现。我是此种在场，在我中，时间和空间在清晨的闹钟响起时毫不费力地出现。时间和空间与身心复合体不可分离。因而，我们可以更准确地说：我是有知的在场，在我中，身心及其被称为"感官知觉"的延伸部分出现了。感官知觉就是我们所称的"世界"。可见，世界只不过是一组飞速闪现的感官知觉被记忆粘贴在了一起。"记忆"一词指视错觉、声错觉或触错觉这样的花招，它使你认为前后相继的东西同时存在。

清晨，当你称之为"醒来"的事情发生，时间首先出现了。于是，有了"现时性"（now-ness），即该起床的时候。继"现时性"之后，可以说你悄悄进入了身体。有了身体，就有了"此地性"（here-ness）。

"现时性"是一号花招，使你认为不可分的"在场"分为无数个称为"现在-现在-现在"（now-now-now）的细小瞬间。时间的幻觉就是这样制造出来的。

随后出现了二号花招：我们把"同时性"（simultaneity）投射在一小撮"现在-现在-现在"上，由此制造了空间。在听音乐时，你一次听到的不过只是一个音。但事后，你却称听了一场独奏。独奏形成的原因在于如下事实：记忆把同时性，即"一"（unity），投射到了为数不多前后相继的感知上。当我们谈论空间时，发生的正是这样的事。我们感知的仅仅是"现在"这一闪现的瞬间中的最小微粒，而记忆却把成百上千这样的感知投射进了一个形象中，这就是我们所称的"空间"。所以，时间和空间完全依赖于记忆，记忆之外，不可能有时间和空间。但这一点同样是正确的：没有时间，就没有记忆和空间——事实上没有任何念头，没有任何感知客体。

时间、空间和记忆绝不能分离，它们完全相互依赖，如同水和湿相互依赖。所以，它们实际上是同一事物的三个方面。可见，你也可以说所谓的"创造"（或称"摩耶"）只不过是记忆，它出现在我们所是的有知的在场中。然而，当记忆消失，或者说当客体消失，并非一切皆无，我们所是的有知的、目击的在场仍然存在。它没有形式，处于无时间性的瞬间，就像佛陀说的，它是空或空性，在它之中，下一感知会生起。

客体消失，则一切皆无——此为我们根深蒂固的迷信，使我们把深眠视为一种黑暗状态，因为深眠正是所有客体的消失。然而，深眠绝非一切皆无，称之为光华倒要恰当许多。

有些情况不常有，比如一日无事，你像往常一样醒来，但不需要起床。这时，你可能会感受到一种强烈的诱惑，想要返回睡眠。在那一刻，你很清楚，你想要的睡眠不是一个黑暗的空洞，而是某种非常值得向往的东西，某种让你感到彻底放松的东西（尽管你的这种感受不是通常意义上的感受）。①

圣人就是这种"非常值得向往的东西"，即光本身，没有名色（名字和形式）及其他任何限制。名色只是时不时出现；光时不时呈现为形式，形式即为人们所称的世界。当我们把名字给予形式，就制造了一个信念——个人是一小撮形式，同时建起了一座似是而非的牢笼。当形式出现，圣人是这些形式，而当形式消失，圣人仅仅是自身——没有形式的光。你可以说圣人始终是深眠。

所以，有人说圣人不思考，是为了把你的注意力引向这个事实：思考者仅仅是个念头。在追求者和被追求者、弟子和古鲁的二元对峙中，这个事实迟早必须由古鲁说出。因为，如果要消除你的幻觉，就必须让你明白，你用来定义自身的方式——将你自身定义为一个思考者、行动者或享受者——是荒谬的。只有将这种假象完全曝光，你才能接受它是假象，而只有那样，维持一个思考者或行动者的欲望才会消失。到了那时，你的观点消失了，因为观点是被投射出来的思考者、行动者或

---

① 如果深眠是黑暗的，那它就是令人窒息的，早已令你得了幽闭恐怖症，你在早晨醒来后也显然不可能想要返回睡眠。——杜迦南达

享受者的产物。只有当你的观点和最后一丝信念——你知道什么——消失,终极实在才会自显。只要你头脑中还装着其他被视为真相的东西,终极实在就不会自显。我们无法侍奉两个主人、两种冲突的真相。真理,即终极实在,是对一切观点、信念、确条及其他任何属于有限的表象层面的东西的绝对的、无条件的拒绝。觉悟真我是完全的、无条件的一无所有。

只要你感到存在着作为思考者的"我",你就保有这一倾向:作为思考者,你将尝试理解真理。但真理绝不会被概念所限定,亦不为概念所函括。只要"思考者"的面具尚未被揭下,觉悟真我就是不可能的。

问:无条件者的显现又怎会是有条件的?

答:无条件者的显现是无条件的。这正是为什么只要有条件,无条件者看上去就是未知的。你将自身视为思考者或行动者,表明你有将无条件者条件化的欲望,即从精神或身体层面去理解那些无法被理解为概念或短暂经验的东西。

问:听你这么说,我必须说,我太沮丧了,觉悟真我似乎相当遥远。

答:如果一个人真的想要觉悟真我,他就不会沮丧；事实上，他绝不会操心难易的问题。他在意的是清晰的洞见——一天得不到，他就再来一天，一年得不到，他就再来一年。

如果饭前你想的是，吃饭是多么复杂的生物工程啊，再调动那么多肌肉、那么多腺体，还有别的什么，你可能会因此郁闷，不想吃饭，坐在那里直抱怨。但如果你饿了，就不会操心物理学和生物化学，而只是把食物塞进嘴里吃掉。同样，真正寻求摆脱幻觉的人不操心难易的问题，因为幻觉使他痛苦，且只能碎片化地活着。他不断地聆听和研读，直至找到自由，他尽管做着大量的工作却不自觉。每当有一点幻觉消散，他就高兴，修习的每一天似乎都是新的。

问：但你不得不修习！

答：当然。首先，你不得不进行很多艰难的思考。渐渐地，你明白这种思考不是由"你"（一个思考者）进行的。你就像丢了眼镜的人，到处寻找眼镜。只有将整个壁橱翻个四五遍，然后搜遍厨房、阁楼、地下室、花园，并绝对确信眼镜不在那些地方，你才愿意去别处寻找。只有穷尽了大部分可能性，你才愿意放下这种确信：眼镜必定还在壁橱或厨房里。诸如此类。然后，不足为奇，你变得十分绝望，并寻求帮助。在听了很多人向你谈论眼镜的价格、眼镜如何佩戴、眼镜几百年的历史之后，突然，你遇到某个人，他足够爱你，并告诉你，你这个傻瓜，一直以来，你之所以能够寻找眼镜，只是因为一个事实：眼镜一直在你脸上戴着。在那一刻，你明白，你根本无须寻找，因为你的眼镜从未丢失。

然而，人的悲剧就在于：人不愿在自己脸上寻找，除非找过其他所有地方。修习就是这样一个过程：你慢慢地学会放弃向别处寻找，转而检视自己的脸。在修习期间，你逐渐明白，眼镜真的不在壁橱、厨房或花园里。只有再三证明眼镜不可能在这里、那里或别的什么地方之后——而不是像以前一样，你才愿意以正确的方式检视正确的地方。

问：我们的确很愚蠢。

答：实际上，你就是知识本身。只需消除这种看的机制：把抽象的看成具体的，把具体的看成抽象的。就这样。

你是你的宇宙中唯一的真实本源，其余一切皆源于或出自你的所是。所以，你当是你所是，余皆可抛。

圣人无教[1]

一定不能把室利·拉玛那·马哈希或别的伟大导师视为提供某种教导或别的什么的人。

伟大的导师就是自由本身,存在本身,真理本身。当某个自认为受缚的人来到伟大的导师面前,他会发生相当深刻的转变。导师犹如手持火炬之人,进入一个深邃的洞穴,黑暗已在那里盘踞了数百年。但随着火炬的出现,无论多深的黑暗立刻消散。

同样的事情发生在无知之人向真正的圣人求教之时。实际上,圣人无教。然而一方面,追求者的黑暗被圣人的在场立刻驱散;另一方面,圣人吐出言语,指向

---

[1] 原载于《山径》,1977年7月。

访客的身体、头脑、心灵和非人格部分。那并非出自圣人的意愿，因为圣人没有怀着这种或那种意愿的人格，甚至没有提升访客的愿望。圣人就是爱本身，这意味着全然的接受。在圣人那里，不存在谴责，即便在某些场合，他的言辞可能是严厉的。正是这种爱与全然接受，简而言之即"澄明"，引发了自认为受缚的人的转变。

可在大多数情况下，要用很多言语才能驱散访客的怀疑。那是因为怀疑、恐惧、贪婪、自负、懒惰和所有此类答磨性特征皆由言语造成，主要由"我"一词的使用——用"我"来指代身体、思想活动、情感活动等——所造成。但使用言语并不意味着圣人或古鲁就是"有教"之人。你所认为的某个伟大导师的教导，只不过是访客必须明白的东西被转化成了言语，为的是消除访客的如下幻觉：我是一个私我，或者我拥有一个私我。诸如此类。这就是为什么同一位圣人会对不同的人说不同的话。大家能理解多少就得到多少，但结果是相同的。真古鲁就是爱本身，他没什么可得到，也没什么可失去。在震惊的弟子眼里，这种爱可能显示为不可思议的慈悲，或其他任何东西——如果能使追求者面对自己的真实存在。依我看，《薄伽梵歌》的如下内容表达了爱的极致：克里希那说，无论你走哪条路去寻找他，他都会来迎接你。那就是爱。世上最伟大的人不厌其烦地出来迎接我这个"可怜虫"……那时，奇迹发生了。借用商羯罗的话："古鲁在自身和弟子之间创造了平等。"古鲁不是作为独裁者统治我们、剥夺我们，而是一味给予我们。他的本性是爱，而爱的本性是给予。给予不是古鲁的态度，而是古鲁所是的"和谐"之本性，如同湿是水的本性。

我们还应补充说明，在印度传统中，谈论"自由之人"是个禁忌。这绝非无稽之谈。如果你谈论了，你就落入了大多数宗教人士掉进的那个陷阱——你谈论的不是自由之人的真实模样，而是你对他的看法，也就是你把他变成的那个形象。你就像某些神学家，他们不明白当他们谈论上帝时，所谈论的仅仅是他们把上帝变成的那个形象。对于某些人，这是骇人听闻的：有一天，他们发现，"上帝"一词所指的不是他们及其他。任何人头脑中的形象，就像他们自己不是他们自己及其他任何人头脑中的形象一样。

所以，当你谈论真理、圣人、古鲁、上帝等，你正冒着掉进陷阱的风险——把终极者降格为一个形象、一个概念。这就是为什么最好保持沉默。如果我谈了，那必是因为我不知道谈些什么好。我唯一能告诉你的是，我的头脑中没有制造言语的人。我的嘴里说出的任何言语都不是我的，它们不可能有任何版权。

我也没有试图解释什么。最终，没什么可解释的。如果有人解释说一加一等于二，我就要问了：一又是什么？那是终极问题。知道"一"是什么，你就自由了。但没有任何伟大的导师能用思维语言或数学语言解释"一"，他只能请你放下作为虚幻的思考者的观点。如果你听了他的话，就会发现你突然毫不费力地远离了你称之为"我"的一切，毫不费力地改变了你的观点。貌似主体的原来是客体。最终，你会发现，这个新立场和那个旧客体（诸多的"我"）都只是河流的活动，而这条河流的恒定的实在（reality）不是别的，正是你的所是——自由、和谐、存在本身。它完全超离念头，因而完全不受限制。

所以，不存在圣人、自由之人这回事。按他自己的观点（姑且这么说），他就是自由本身，而不是一具身体。假如访客看到的是一具身体，并称之为圣人或古鲁，那是因为访客把自己当成了一个男人或女人，并在相应的层面上看待他人。

在你发现或揭开自身内在之自由的那一刻,你看到,你和圣人有着相同的自由。只有同一自由、同一绝对,或者用形象化的描述,只有同一无限。圣人即是"那"。你是"那"。你不是一个人格,而是无数人格和私我从中生起并消融于其中的"那",无论你用什么名字称呼那些人格和私我。

一旦你自觉地成为这种自由,丝毫也没有感到你现在是或曾经是别的什么,那么你会发现,任何名字都是你的名字。这是指向自由之所是的另一种方式,但这不是描述,也不是解释!

每一条可靠的进路都是用招数来揭露修习者自身的花招。室利·拉玛那·马哈希的招数就是问你:你什么需要解释?当然,这是大写的"招数",它直接导向终极问题。

你的理智渴望得到利落的答案。你渴望用你的所学和记忆获得对无限者的解释。

那是不可能的。记忆是个冒牌货,是个愚蠢的招数,让你相信一个当前的形象在以前出现过。

你之所以寻求你的所是,是因为你声称不知道它,而站在这个角度，你所知的一切皆为记忆。可你怎能寄希望于用一种"让当下看起来像是过去"的视错觉找到永恒的在场？你在已知领域寻找那未知者，又怎能寻见？

室利·拉玛那·马哈希说，它确实是诸事中最明显之事。在其他场合，他还说过，它是你唯一知道的东西。最终，甚至连无知、痛苦、疯狂、残忍——我们害怕和躲避的一切，都是真我，别无其他。

然而，没有男人或女人，即没有虚幻人格能够找到真理或自由。真理、自由、爱、真我、"我-我"、"那"，即人格永远也不会知道的东西，将在你的人格意识消失的那一刻自显为你唯一知道的东西。

换言之，室利·拉玛那·马哈希说的是终极真理。但不要把它理解为一种邀请——邀请私我吞下无限者，并自视为圣人或自由之人。

可能根本就无路可走。如果我们谈论"自由之路"，那只是因为我们必须使用言语，并且我们觉得必须做点什么来搞清我们的所是。只要还有一丁点"我们是某人"的感觉，我们就会继续寻求满足。我们会寻求快乐，要么恋爱，要么过禁欲的生活；要么享用美食，要么禁食；要么努力工作，要么隐退……这取决于我们的"行李"。但我们会继续在无数个方面寻求快乐，直到我们最终理解，我们自己就是我们所寻求的快乐。

我有个朋友，戴着啤酒瓶底那么厚的眼镜。有一次，他的导师半开玩笑半严肃地告诉他："摘下眼镜，正确地看！"那就是全部（的真相），被概括成了一个形象。如果你把那说成是"有所为"，也可以，但在我看来，不如说那是"无所为"——不再从错误的方向看，不再把客体错当成主体，结束如下错觉：我是行动者、思考者、身体或心意……只需正确地看即可。

如何称呼无关紧要。真理、自由、爱都能用来称呼"那"，"那"是遍在的。无论我们从哪条路出发去寻找"那"，"那"都会来迎接我们。无论"那"起初似乎具有哪种形式，最终，启示会来临，让你明白你一直以来那么热切地寻找的，其实就是你自己。

当我们把"招数"一词用在像室利·拉玛那·马哈希这样的人身上，有些人可能会感到震惊。那是因为"招数"也有损人利己的意思。但没有什么能让圣人变富或变穷，圣人即是一切。

或许我们能说点什么来澄清"招数"一词的含义。

我真正想要什么？
——智慧瑜伽答问

最近，我听欧洲一位伟大的导师说："你去见古鲁，期待你终将得到这么多年来一直在渴望的奇妙灵性食物。你期待的佳肴无法形容，但让你大吃一惊的是，古鲁不是喂你食物，而是把你的胃取了出来，直到你什么也不剩……"。

导师绝不是你想象的样子，因为他是无法想象的。人们来见拉玛那·马哈希，他就像——让我们再打个比方——捕鸟人，嘴里说着："美丽的鸟儿，瞧瞧这树枝吧！超棒，超好用！它叫'我是谁'。它可太好用了！就落在上面吧，好不好？然而，如果你真照他说的做了，会发生什么？你会死掉！

当你落在"他的"树枝上，环顾四周，寻找"我"，你会发现"我"就像空气一样，从你的指缝溜走了；进一步细察，你会发现不存在"我"这种东西，它是假的，纯粹是你的幻想。若非那个伟大的捕鸟人一直看着你，把你看穿，你定会惊恐失措。不知怎的，他的在场以不可言喻的方式给了你绝对的信心：虽然哪里也不存在"我"，但我绝非虚无。凭借这一发现，幻觉永远破除了，虚幻的私我受到了致命打击。捕鸟人与你同在，将你带入你自身的深处。那时会发生什么？第二个招数来了！当你从内部进入"深处"，你发现"深处"（从外部看，在心脏附近）原来是"无处"——突然，你成了无处、无时、无因（的存在）。

甚至在25年后的今天，谈起这些我依然觉得很不轻松，但这正是发生在我和许多人身上的事。[①]

捕鸟人面带难以形容的微笑，抓住你，杀死你，尽管是以最温柔的方式。

爱，那种作为知识的爱，是唯一真正的杀手。从外部看，你得说爱与知识必须齐头并进；从内部看，"爱"与"知识"这两个词代表了同一不可分割的经验，即我们的所是。

但作为情感的爱还不是真爱，尽管它能带领你抵达真爱。一旦知识向我表明它不是"我的"爱，爱的情感就变成了终极之爱。这种爱没有拥有者，也不求获益。它的本性是给予，仅仅是给予。当你理解了这一点，你便会给出你所是的一切，直到被投射出来的"你"一无所剩。只有到了那时，你才是远远超越情感的爱的本身。唯有这种爱才是知识。

---

① 正如苏格拉底的弟子所说，"我被允许进入至福之境"。——杜迦南达

你就是理解本身[1]

当你深入研究自身，你会发现，作为意识本身或"有知的在场"的你始终存在着。你会发现，在一个念头生起之前、持续期间和消失之后，你都存在着。

越是注意这个简单的事实，你越会明白"有知的在场"乃是你真正的家园。这个家园充满了某种类似于惊奇感的东西——对于自身的恒常的惊奇感，在梵文中，这称为"喜乐"（ananda，一译"妙乐"）。

这种哪怕一秒钟也不会离开你的在场，是精神层面全部知识的基础。正如水是波浪的本质，有知的在场是

---

[1] 原载于《山径》，1978年1月。本文基于沃尔特·齐尔的一段谈话录音。齐尔是荷兰语杂志《瑜伽与吠檀多》（*Yoga and Vedanta*）的编辑，该杂志由荷兰哈勒姆瑜伽与吠檀多基金会发行。

每一念头、感受或感官知觉的本质。

站在在场的角度，你看到念头起起落落，但在场不变，就像水始终是H_2O，无论是河里的流水，还是杯子或水壶里的静水。活动属于波浪，而不属于不变的H_2O。

因为无知，我们混淆了二者。无知是这样形成的：将属于甲的内容投射在了乙上。

你是生命本身，无限、没有束缚，但无知将生命投射到了客体上，并使你相信，你的身体是活的（有生命的），而石头是死的。事实上，石头、身体周围的空气和其他一切都由生命本身或纯意识（无论我们管它叫什么）构成。

所以，无知——它只不过是看待事物的一种古怪方式——偷走了生命本身的属性，并把这些属性贴在了客体上，以致你基于表面的观察，认为生命就是活的客体。但实际上，是生命本身活着，并以无数种方式显现。我们透过小小的窥视孔观察，会误以为光线是实在的客体，可细察后就会发现，我们在整个生活中经验到的一切都不是客体，而是对客体的感知，甚至连这样说也不对。我们感知到感知，仅此而已。从创世之初至今，从未有人感知到外在于感知的东西，所以，从未有人经验到客体。你可以随便主张客体是存在的，但如果你这么做了，你就创造了一种宗教，因为你信仰从未有人见过的东西。

然而，我们在此不是要讨论那样一种宗教，而是要考察经验能够向我们表明什么，那就是：我们感知到的是感知，而不是感知以外的东西。

感知是什么？它是念头的一种形式。它在我们所是的有知的在场中生起，而无需我们为之做什么。片刻之后，它就消失，但在场留存，在场始终就在那里。

我们将自己所是的生命本身投射了出去——这个错误也出现在我们以为念头理解事物之时。念头只不过是形象和时不时出现的语词。一个形象如何能够理解事物？即使一个形象可以理解事物，那又有何用？因为半秒之后，形象或语词就消失了，我们假定的它们的理解也就随之消失了。

你就是理解本身。你是永恒、无限的知识之洋。在知识之洋里，形象、念头和感受生起又消失。每一感知的知识要素相当于波浪的水要素。尽管念头由知识本身形成，就像风由空气形成，但你呼吸的是空气，而不是风。

那么，当有人谈论我们所是的经验本身，你说你已然理解这些话语时，真正发生的是什么？

如果这些话语最初是对作为具体的存在者的你说出的，那么它们具有这种性质：它们包含了一种邀请，邀请你忘记具体的存在，聆听并思考。然后，当你在头脑中虚构出一个思考者，这些话语邀请你更进一步：看清你甚至不是一个思考着或感受着的个体，而是某种更加切近的东西。以这种方式，这些话语邀请你超越语词。接着会发生什么？当你接受邀请看清"思考者"，你看到了什么？"思考者"仅仅是个念头，就像其他任何念头那样是一种投射。除此之外，还发生了什么？

当你观看"思考者""我之感"或另外某个暂时的"假我"（pseudo-I）时，"你"在哪里？

借助于观看假我这一事实，你毫不费力地将自我置身于假我之外，就像你毫不费力地看着那面墙并感恩自己不是墙。换言之，在作为观察者的人和作为被观察者的墙之间，有一种距离。

同样的事情发生在你观看这些被投射出来的"我"——作为思考者的我、作为活跃分子的我、作为父亲的我、作为兄弟的我、作为音乐爱好者的我等等——之时。借助于观看它们这一事实，随着它们逐一登场，你毫不费力地注意到，在这些"我"和作为观察者的我之间产生了一种距离。一旦有合格的导师将你的注意力引向这个事实，而你又能把它参透，它（唯有它）就会解除私我对你的钳制，并使之逐渐消失。你甚至不会注意到它们的消失。数月之后，你可能突然发现，某些防御已经撤去，或者说你的敏感和虚荣已经开始瓦解。

在此过程中，你和那些曾经看似束缚你的东西保持着距离，同时，你作为它们的原料又在它们之中，好比水在唤作"我之思"和"我之感"的波浪之中。（无知只不过是如下信念：我们是身体、心意加上它们的活动。）

然后，你逐渐注意到，这个充斥着"我"的房间实际上是空的。你已经深刻地理解，你不是这些私我念头或私我感受。多么叫人高兴啊，你不是一个私我。

甚至连那也不是终点。在梵文中，这个过程的终点称"萨哈嘉"（sahaja），意思是你的真实本性、你的自然状态。这意味着你必须完完全全地习惯于"你不是一个人格"的观念和感受——这对你应该是完全自然的。

当萨哈嘉到来，你已然忘了"你不是一个人格"这回事，就像"你不是一片云"对于你是完全自然的。你完完全全地确信"你不是一片云"这个事实，以至于你根本不需要有一丝"我不是一片云"的念头。

只有当"我是这个身体和心意"的念头或感受已经和"我不是身体、念头或人格"的念头一同消失，真正的自由才会自显并且永存，不受时间和因果的影响。

当你说上周或上个月你理解了我们关于死亡的谈话，这意味着：在那个片刻，作为人格的你消失了，唯有永恒的在场，它即为理解本身。随后，如果幻觉返回，一个念头告诉你说，作为一个有记忆的思考者的你尚未理解我们的谈话，这话当然完全正确。没有思考者理解哪怕一个念头。一个念头（"思考者"本身也是一个念头）怎能理解另一个念头？

当你说你理解了，那意味着你接受了话语、手势等的邀请，深深地潜入了自身，超越了念头与感受。在那个片刻，你即为理解本身。这就是"我理解"这一表述的含义。

理解实相[1]

据说，最后离开我们的负向习性是虚荣，而最后离开我们的正向习性是理解实相（reality）的欲望。

在大部分传统教导中——也许是在每一种真正的传统教导中，古鲁为我们提供某种我称之为"招数"的东西，用来终结全部的花招。比如，古鲁允许我们在一段时间里把他视为一个觉悟之人，并接受我们把他当成古鲁这一事实。然而，时候到了，他便向我们解释不存在"觉悟之人"[2]这回事。这个名号所代表的根本不是一个人，而是无限的实相，它没有名字和形式。古鲁也为我

---

[1] 原载于《山径》，1978年4月。
[2] "觉悟之人"是自相矛盾的表述。要注意个人绝不能觉悟，因为觉悟了个人就不存在了，即私我或人格不存在了。——杜迦南达

们提供教导，以使我们理解我们是什么和不是什么。他向我们解释我们不是这具身体，不是其他任何身体（比如梦中的身体），也不是转瞬即逝的念头、感受和感官印象，而是它们的目击者，或它们消失于其中的光，那光在它们消失后依然存在。

这让我们安下心来从事称为"修习"（sadhana）的活动，努力消除关于我们自身的种种白痴想法。古鲁让我们理解我们是什么和不是什么。在此过程中，他可能不会严格地要求我们用现在的这个"已然理解的人"取代曾经的那个"无知的人"。

直至这一时刻到来：我们已然成熟到能够明白，所谓"理解的人"和"无知的人"一样荒谬。

觉悟没有阶段，但无知的消退是有阶段的——如果你一定要把无知的消退过程分为不同的阶段的话。

就像前面说的，我们要解开的最后一批结中的一个——也许是最后的一个，即为理解实相的欲望。印度有一个著名的寓言，说的是：拿一根木棒将木头拨到火中燃烧，木头全部被火（即古鲁之光）点燃，就可以把木棒也扔进火里。那时，剩下的唯有火焰。

对绝大多数人来说，如下过程是必不可少的：渐渐

我真正想要什么？
——智慧瑜伽答问

地，我们对于客体、安全感和诸多事物的欲望被一种核心的欲望所取代——认识真我或理解实相。我们越是了解古鲁，对真理与自由的欲望就越强。我们想要变得和古鲁一样，即使我们由于谦卑几乎不敢这么想。

如果把欲望分类，那么认识真理并成为爱本身的欲望无疑是所有欲望中最高贵的。但它依然是一种欲望。要获得自由和觉悟，就必须烧尽这种欲望。为什么？

因为这种欲望最终意味着两个错误。第一个错误是如下倾向：试图在头脑中、在念头中抓住那广大得甚至超越空间的东西。第二个错误是如下欲望：继续做某人，做觉悟的拥有者。

只要我们怀着继续做某人的欲望，我们就在把自己错当成一个存在于时间中的现象。时间是一种思想方式，出现在我们内部，而不是反过来。①希望理解实相，就意味着（至少在起初的某个阶段）希望存在、在场、活着，以便能理解实相，甚至享受真理。连印度最著名的灵性领袖之一过去也常说，他宁愿享受糖，而不是成为糖……这是你经常从虔信者和走二元论瑜伽道路

---

① 齐尔的意思是，时间存在于我们之中，而非我们存在于时间之中，这是他说的"反过来"的意思。——杜迦南达

（比如帕坦伽利指出的道路）的人那里听到的感叹。他们变得热衷于三摩地，在他们享受古鲁或神的在场带来的欢乐时，他们的私我得以保持——以一种相当精微的方式。如果这样的虔信者真正爱他的古鲁或神，那么他的臣服有一天会变得彻底，而不留私我去享受什么。真爱是彻底的臣服，无论是对真理、神，还是对妻子、丈夫、孩子，乃至对工作等热爱的对象。

特拉凡科的一位伟大的古鲁曾经指出，随喜之乐胜过获取之乐。可见，甚至从虔信者的角度看，成为糖的快乐也比享受糖的更大。

正是因为有这种误解（"宁愿享受糖而不是成为糖"），甚至连拥有各种悉地（siddhis，超常力量）的伟大瑜伽士最终也必须成为智慧者（jnani），才能超越三摩地这一短暂的状态。

在《八曲本集》（*Ashtavakra Samhita*）[1]的一个引人注目的偈颂中，贾纳卡（Janaka）（很有可能是相当吃惊

---

[1] 中文版由王志成译注，名曰《直抵瑜伽圣境——〈八曲仙人之歌〉义疏》（商务印书馆，2018年3月）。——译者

地）从古鲁那里听说，修习三摩地①不是——所有瑜伽士似乎都这样认为——他的伟大成就，而是他的束缚。因为瑜伽士仍然是某人，一个坐下来准备好让某事发生的人，是一个让心专注、遵守各种规则、拥有最崇高理想的人。然而，这一切只有在他将自己视为个人的情况下才是可能的，一旦他看穿并理解个人没有任何实质，他不是一个行动者、思考者或享受者，他便再也不可能保持瑜伽士的态度，而他的想要做成诸多崇高之事的人格必定在真理面前粉碎。

只要有继续做某人的欲望，无论此种欲望采取何种形式，幻觉就是国王，而正是这名国王——如果你愿意的话可以称之为"原质"（prakriti）——想要继续他或她的存在②（当然是以自由为代价）。即便在最无知的人看来，也不存在永恒的私我或人格这回事，这难道不清楚吗？充

---

① 三摩地仍是时间中的事件，可由专注与冥想引发。三摩地的持续时间总是有限的，因此，它只能给人短暂的快乐，就像任何愿望的满足只能带来短暂的快乐一样。但我们所是的真正的快乐，即我们的真实本性"萨哈嘉"，绝不能被引发，因为它就在当下。它遍在于追求者、追求活动和追求的念头之中。只有当"独立追求者"的幻觉被抛弃，真我才会自显——这无须引发。
② 这里的意思是，不是我想要继续下去，而是原质在煽动我继续下去。——杜迦南达

其量只有一样可以称为永恒的东西，那就是身体-心意-世界从中出现并消失于其中的光明的在场。甚至连这样说也不对，因为站在它自己的角度，光明的在场既非永恒，也非非永恒。时间并不适用于此。它是"那"，在它之中，时间概念或时间感时不时出现和消失。

所以，从长远来看，理解和享受神的愿望意味着让完全非真的存在继续下去的欲望，也就是让从未真正存在过、只在我们的想象中永恒的东西继续下去的欲望。借用商羯罗的幽默比喻，那是"把脚印留在天空"的欲望。

八曲仙人（Ashtavakara）给了贾纳卡一个极其有益的提示，用来克服这种"继续下去"的倾向。他说："没什么能在你这里留下印迹。"

某种无法被留下任何印迹的东西，难道不是我们的真正所是？

这就是为什么古鲁会在某个时刻对我们说，一定不要试图记住他的教导、他的话语。因为只要我们试图留住它们，我们就在发动这种欲望：充当在理解的某人。

当然，不可能像关掉开关那样一劳永逸地关掉人格或私我。人格是个装满了习惯的口袋，我们已在很长的时间里投入了大量的能量去维系和保护它，这些能量给了它一种相当程度的自主权,乃至在我们看穿了人格这个错觉之后,它很有可能还会返回。然而到那时,我们不会再被迫相信它。当恐惧感或欲望生起,只要我们不把"我"投射进去,形成"我恐惧"或"我想要",就没有任何问题。当我们不再到处投射"我",不再喂养旧习惯,它们总有一天会消失。

还要注意:我们不仅渴望在头脑中留住事物,而且渴望在心中留住事物。理解通常似乎出现在头脑中,但当理解变得完善,触及我们越来越深,我们就会发现,这种深刻的理解显现为心中的一种十分柔软、甜蜜、微妙的感受。

再一次,我们刚开始难免因这种感受而兴奋,并尝试留住它,让它持续下去。当然,这样的尝试会将它扼杀,因为我们制造了一个有需要的"我",还因为每一经验的到来都以其他经验的消失为代价,我们一次只能觉知一物。结果就是,这个被投射出来的"我"让我们远离了伴随着理解的那种平静的感受。

为了战胜这种活动,我们必须非常自觉地关注它。渐渐地,我们不再被那种感受深刻地吸引,无论它的萨埵性有多强。

我们不再被自己的感受吸引——这一点随后成为我们的一般倾向。它带来一个问题：我们总是听说自我觉悟（智慧道路）必定也是一条爱的道路，可现在，我们对各种事情，比如对他人的问题，反倒有些漠然了。这是否意味着我们正变得冷漠、寡爱、自私呢？

这里也有一个陷阱。我们的社会意识抬头，斥责我们自私，并要求我们放弃（对自由的）追寻。

但实际上，发生的是截然不同的事。我们对人格的保卫性投入意味着对情感、感受的投入。

我们常常听到这样的抱怨："这吠檀多、这智慧听上去很好，我似乎能够理解它，但我无法感受它。"

天哪！那是因为，就像我们不能把无限者塞进一个念头、形象或概念之中，我们同样不能把它塞进感受之中！每一次感受真理的尝试就像把真理理智化的尝试一样，让我们误入歧途。那些尝试表明，在那样的背景中，我们更加重视的是念头和感受，而非觉悟无限的真理。

所以，一定不要为感受的消失而沮丧。那是一种暂时的现象。当树上挂着苹果，我们一定不能为它没有开花而哭泣。开花是在春天，果实在夏天成熟，而到了秋天，果实就从树上落下。

我真正想要什么？
　　——智慧瑜伽答问

　　当我们看清，我们所追寻的东西无法在任何背景中抓住或找到，无论是身体的、理智的还是情感的背景，我们基于计算、出于防备而对身体、念头和感受的利用就会停止，因为我们发现，在那个层面上没什么可得到的，而且总的来说，我们也没什么值得防卫的。

　　然后，有些人会经历心灵感到干枯的阶段——并非人人都会那样，但很多人会。

　　遇到这情况，绝不要试图从心灵中挤出感受。即使你那样做了，挤出来的也将是造作的感受，不值得拥有。不如接受这一立场：你是唯一的寂静，感受从它之中生起，由它构成——就像波浪由水构成，并再度融入它。这唯一的喜乐永远存在，无论有没有感受。我们起初没有注意到它，因为我们将全部注意力倾注在客体上，包括感受在内。我们曾如此痴迷于客体，以致我们没有注意到别的。现在，客体已经消失，我们不再是"填充鹅"，可我们却在抱怨客体的缺失；换言之，我们对感受的痴迷已被我们对"没有感受"这一感受的痴迷所取代。当油画从房间移走，我们不会注意后面的墙，却会注意油画的缺失。

　　这些都是暂时的。我们始终是自由本身——这是不变的。人格从未看到过这一点，因为人格仅仅是意识中的能量活动，就像其他被感知到的客体一样。这样的活动绝不可能理解任何东西，因为它们是客体，出现在我们所是的不可分的经验本身之中，而经验本身即为理解本身。我们的真正所是不会改变，无论心意满足与否、感受喜欢与否。

在全然不动心的时刻，无论有没有念头、有没有感受、有没有物理形式，幻觉都会离我们而去。

我们不是个性，我们没有个性；我们不是身体，我们没有身体；我们不是念头，我们没有念头。我们的所是犹如无限的空之洋，世界、个性、念头、感受、感官知觉等形象皆如云朵，浮于其中。那无限的空绝不会受到云在与不在的影响。

没什么能在它上面留下印迹。

死之真相[1]

什么会死？只有当你把自己想象成个人，并因为将这种荒唐的限制加诸自身而从相应的细小维度看待生命时，死亡的问题才会产生。你开始想象生命始于你的皮肤，而皮肤之外的大多数事物是死的。你假定周围的空气是死的，直至它通过血液在你体内循环，并成为你身体的一部分，那时，这些空气就变成了你。这不是很怪吗？

只要你想象自己是一个事物、一个概念、一个称为人格的形象，这个"你"自然而然就有很多开始和结束。但"你"每次仅仅持续几秒钟，即使"你"的概念本身告诉你，它将持续二十、三十、六十或九十八年。

---

[1] 原载于《山径》，1978年7月。

生命是"一"。你将各种划分投射在它之上,并将由此产生的一些部分称为"我",这是荒谬的。

审视自己的经验,你会发现,作为在场、作为经验本身的你就在那里,在清晨的闹钟响起之前就在那里。只有当闹钟响起,世界才从你所是的在场中生起。这个世界的一部分便是"我如此这般"的感受或念头。

在你看到这一点的瞬间,在你注意这个事实——"我如此这般"的形象是从你所是的鲜活在场中生起的一部分——的瞬间,死亡变得荒谬。①

作为客体、作为造物的你,每一分钟诞生许多次,也死亡许多次。

作为唯一的、完整的在场(这是你的所是)的你,是永恒的,是世界一次次从中创造自身的原料。

对于自由者,没有死亡。②

常人从念头的窥视孔中看到的死亡,对于自由者则是截然不同的东西。自由者知道,他是广大而虚空的意识空间,没有形象。"空"用一个接一个的形象填满自身——一次一个形象。前一个形象必须消失,下一个形

---

① 甚至连死亡也出现在你所是的鲜活的在场内部。——杜迦南达
② 对于自由者,没有死亡,也没有出生。——杜迦南达

象才能占据其位。整个存在就是这样，别无其他。如果你愿意把形象的不断出现称为它们的"出生"，那么它们的不断消失就是它们的"死亡"……为什么不呢？但那样的话，可千万不要没有"死亡"啊！想想一个不变的形象万古长存……假如没有"死亡"——我们必须将它发明出来，因为如果没有它，"生命"将无聊得不堪忍受。

　　只要依附于念头、感受、感官知觉，你或多或少会确信创造是永恒的，身体是永恒的，而个性或人格是某种逐渐发展并持续一些年的东西。只要痴迷于形象和"我之感"，你就在为它们注入能量，这使得如下幻觉持续下去：在你之外有个世界（不仅在身体之外，而且在你之外），它给予你经验。在停止同念头及"我之感"纠缠的瞬间，你发现，念头时刻在创造自身，而世界无非是念头。我们只是感知到意识中出现的念头，感官告诉我们的故事是个念头的故事，是个梦，它时刻在创造自身。你会轻而易举地明白，不是念头给了你经验，实则你自己就是那唯一、不可分、无限的经验，是你自己让念头的起与落、生与死成为可能。

　　理解"死亡"意味着人格的终结。人格的终结意味着作为具体的存在者、聆听者、思考者、访客等等的你已然消失，存在的只有聆听而无聆听者，理解而无某人投射在理解中。所有的"你"都死了，只剩你所是的非人格，这就是"理解"一词的真实含义。

真正的回答不是对问题的回答，而是把你带到一个位置，在那里，问题向你揭示它自身是多余的，然后消失。问题消失了，追寻者也就消失了。停止了追寻的追寻者揭示他自身即为追寻。

在一个行动、念头或感觉持续期间，或在两个行动、念头或感觉的间歇，不存在"我之感""我之思"，不存在具有诸多特征的个人形象。个人在大多数时间里是不存在的——这一点对很多人来说是事实。只有那些患过神经症或精神病的人才如此在意"个人"这一形象，以致它变得越来越强大。他们感到自己被这一形象完全包裹着，他们感到自己必须以全部的力量捍卫它。但从你发现自己不是一个装满无常形象的口袋起，你就不再有捍卫那些形象的需要——谁愿意整天捍卫一个幻想，一个没有任何根基的幻想出来的形象呢？

我曾经认为自己居于身体中，无论什么样的无知从那个我身上消失，都是因为我在生命中的几个时刻遇见了真理的化身。如果可以称之为"接受",只能说,无论我现在明白了什么,都是因为我的好运,在对的时间遇见了对的人,免费"接受"了这一切。我从未付过哪怕一分钱。真正的教导总是免费的,你只能用人格的死亡来支付——这表明你必须放弃你视之为你自己的一切。

真苦行与假苦行[1]

访客：你说我们应该放弃一切，但有些东西不可能放弃。

齐尔：我从未说过你应该做这做那。我已经尝试指出，"拥有"仅仅是个概念，没什么是你能够拥有的。实际上，甚至连你的生命也不在你自己手中。但先不说这些，我们来看看谁是那个拥有者？是作为个人的你？然而，作为个人的你只不过是一个每天浮现十次二十次的形象。这个形象持续多久？二十秒？那么，一个只存在二十秒的东西如何成为某物的拥有者？

访客：在形而上学的意义上，我赞同你的说法。但

---

[1] 原载于《山径》，1978年10月。本文基于沃尔特·齐尔的一段谈话录音。

我真正想要什么？
——智慧瑜伽答问

我需要时间，才能完全理解那些被称为"我"的林林总总的东西仅仅是形象。在日常生活中，我发现我愿意放弃许多东西，我也确实发现，第一眼看上去非常吸引人的东西带来的快乐只有片刻——但并不总是如此。有些东西是你在任何情况下也不想放弃的。

齐尔：比如？

访客：我的妻子和我非常恩爱，世上没有什么能使我放弃她。

齐尔：如果你说的是真的——我丝毫没有理由对此表示怀疑——你是如此爱你的妻子，那么，你想要把自己完全交给她，难道不是吗？

访客：是的，当然。

齐尔：既然你已经完全交出自己，你还有什么？

访客：……（沉默）

齐尔：爱绝不是你可以给予或接受的东西。爱是在他者中深刻地认出自己。换言之，当你说你爱某人，你在对方的眼中看到了你自己——作为爱的你，反之亦然。换言之，他者不再是他者。你绝不能严肃地主张甲爱乙，乙爱甲。在爱中，双方消失了。甲消失了，乙也消失了，剩下的唯有爱本身。

换句话说，作为爱人、作为丈夫的你消失了——这是你想要的样子。

当丈夫从关系中消失，妻子在哪里？妻子不再是妻子，她也融入了爱本身。这就是实际发生的事。我再重复一遍：这是你想要的样子，你们双方想要的样子。

也许我能用一个形象来帮助你理解，你知道浪花和水的类比。起初，你把自己当成一朵浪花，在其他浪花中间。你认为作为浪花的你正在和周围其他浪花相处，直到你发现，实际上，你无非是水。这个发现使你越来越多地关注你作为水的一面，而越来越少地关注你在不同的时候呈现出的不同形式，比如，狂风大作时，你看上去是个危险的大浪，风和日丽时，你感到自己是个平静无害的涟漪，但你始终是水。

如果继续这个类比，那么可以想象，水最终获得了你如此之多的关注，以致你的觉知越来越深地沉入其中。假定在某个时刻，你发现自己在水面以下一百米，从而经验到一切都是水，你没有一厘米不是水，你所见皆为水；你意识到，甚至在你认为自己是别的什么时，你也一直是水，即"有知的在场"。

就在这一刻，你抬头望向一百米以上的浪花们。你看见了什么？浪花们只是看似在彼此交谈。事实上，一直是水在自说自话，是水创造了浪花来与它自身交谈或嬉戏。

在爱中，你发现，你绝不能谈论"我的"爱或"她的"爱。从虔信的角度，你可以说，唯一的、普遍的爱——无论你管它叫什么——创造了你和她，以及其他一切具有名色的现象，用来与它自身交谈和嬉戏。

在你说出"我爱"的时刻，正是这种普遍的爱扫除了你投射在它之上的一切；在那个时刻（那时的你不在时间中），你作为个人已然消失，爱在看着它自身。

但既然爱是你的真正所是（爱在被投射出来的个人背后），这样说也是完全正确的：你在看着你自身，和你自身交谈，对你自身哭笑，作为一朵浪花在爱的海洋里生与死。但浪花这一面非真，如果没有你根本上所是的水的支撑，浪花甚至连一秒钟也无法存在。浪花这一面是从水中抽象出来的。水是你能够经验到的唯一真实之物，其余一切皆是衍生出来、抽象出来的。这就是人们为什么说，意识或阿特曼是唯一的终极实在。

"经验你的所是"乃是另一种危险的表述。你绝不能把自己变成你的经验客体，否则，你就有不止一个自我。所以，如果有人说，你自己是你经验到的唯一事物，那么此种说法也许可以更清晰地表述为：从你出生直到此刻，你是唯一的、不间断的经验本身，正是经验本身呈现出了各种形式。当一个形式生起，你是它的目击者和它的内容，在同样的意义上，水是浪花的内容，空气是风的内容。或者换种说法：你所是的经验本身同时是观看者、观看和被观看者的内在基础。观看者、观看和被观看者三元同时出现、同时消失，但作为不间断的、永恒的经验本身的你始终存在着。作为经验本身的你是创造中唯一真实的要素，当创造消失在深眠中，你依然存在。如果你不在一个新的梦境或一次新的醒来发生之前就存在着，它又怎能发生？它需要你的存在才能发生！

访客：但如果我就是全部，我又能放弃什么？

齐尔：显然是放弃"我不是全部"这一观念。正是这一观念制造了所有混乱。你认为自己是一个小家伙，身在一个大世界，因而不得不捍卫自身，而那意味着恐惧、贪婪和悲伤。从究竟的角度来讲，没什么可放弃的。但站在寻找自由、爱与解脱之人的角度，你不得不放弃你认为自己所是的一切，或者说，从无明之人的角度来讲,你不得不放弃你所是的一切。

对我而言,年轻的拉玛那的故事是我听过的最动人的故事。年轻的拉玛那走进寺庙,扔掉身上穿的所有衣服,祈求湿婆将自己毁灭。他已然明白生命是什么,他不是从中制造理论,推断无物可放弃,而是扔掉一切,赤裸裸地站在那里。我们中间有没有人具备这样的勇气?而且不要忘记,这个年轻的印度人必定怀着全然的确信:湿婆确确实实能在瞬间将他化作灰烬!

但这个故事也有危险的一面,因为有些人在表面上以这种或那种方式做了同样的事,却没有找到自由。那么,区别在哪里?

有真苦行,也有假苦行。[1]

假苦行以对世界和自我的不信任为基础。如果你把世界视为邪恶之所,把自我视为臭皮囊,那么你离真理就太远了!那些出于这个理由而避开世界的人眼光非常

---

[1] 注意苦行必须是真的,而不能是模仿。这就是为什么用了28年时间徒步穿越美国的"和平朝圣者"米尔德丽莎·诺曼(Mildred Lisette Norman)不建议其他人跟随她的脚步。她说:"跟随别人是不健康的。每一个人都必须找到自己的圆满。相信你内在的声音,你的导师在你内部,而不在你外部。你要认识的是你自己,而不是我!"——杜迦南达

浅薄。他们从未正确地审视过世界，他们认为世界构成一个危险的现实。因为如果世界是真实的，而我是世界的微小部分，那我绝不能赢得这场弃世之战。

然而，那些正确地审视过自我和世界的人发现，我们所称的"世界"是意识中、是我所是的经验本身中的一系列表象。①所以，我们所称的世界不是外在于我的一种真实的、危险的现象，而只是内在于我的一系列振动或运动。我们当中的每一个人都是我们称为"世界"的感官印象的实质、真义、内在基础。没有人经验过一个外在于他（他是经验本身）的世界。如果没有人经验过那种东西，我们就没有理由认为它存在。

所以，敌人不是世界，而是我对它的信念。放弃世俗对象会使我快乐——这个信念和无知之人的信念一样迷信，无知之人认为获得世俗对象会使他快乐。无物使你快乐，因为你就是快乐，这就好比无物让水变湿。

快乐，即自由，由这一鲜活的洞见构成：你不是周一快乐、周二悲伤的某人。

一旦你明白你不是身体，不是五个感官的作用，不

---

① 向外看，我发现我是宇宙之洋中的一滴水；向内看，我发现整个宇宙是我的心灵之洋中的一滴水。——杜迦南达

是念头、感受或记忆,而是它们的实质——恒常的经验本身,你就会知道无物使你快乐,因为你自己就是你所寻求的快乐。

只有到了那时,你才想放弃各种东西。但不是作为一种苦行而放弃,你放弃是因为你明白抓着那些东西不仅无用,而且毫无意义,因为你不是拥有者,不是任何东西的所有者。你甚至不能将一个念头保留十秒钟。没有"我之思",没有拥有者。

所以,真苦行是洞见的自动结果。我敢打赌,年轻的拉玛那不憎恨自己的身体,也不憎恨世界。[①]他爱他所是的光,他唯一想要的是被光燃烧。

假如你全心全意地想要被光燃烧,你会立刻达成所愿。如果你将自己视为尚未觉悟者,那只是因为你的一部分不想被光燃烧。

当然,在此,你可以提出同样的问题:如果一切皆为光,又有什么要被光燃烧呢?

[①] 没有哪位圣人憎恨他的身体或世界,因为憎恨与智慧对立。我们可以说,圣人也不热爱任何客体。最终,热爱也是一种束缚,或一个陷阱。不同于爱或恨,圣人一直在寻找真理。再者,我们注意到,在印度教中,身体是觉悟真理的手段或乘具。尤其是根据智慧之道的教导,世界乃是真理的指针。——杜迦南达

答案是一样的：要以某种方式放弃"有光明也有黑暗"的观念。

访客：难道不是"有束缚也有光明"的观念吗？

齐尔：当然是。只有光。在你真正见到你刚刚说过的真相的那一刻——不是靠单纯的思索或逻辑推理，而是靠活生生的经验——在那一刻，你自由了！当你真正用你的整个存在看清，束缚只不过是光明，就没什么可做的了。但不要满足于单纯的逻辑结论。自由是你的所是，而不是一种思想方式。①

访客：只要我在这里听你谈论，一切都显得如此简单，但是……

齐尔：没有但是。这是如此简单，简单得不可思议。你的问题不在于这是复杂的，而在于当你回到日常活动中，你拒绝去观看。

今晚，你看得非常清楚，不可能有作为身体或念头的拥有者的个人。所谓的"拥有者"只不过是个念头，就像任何念头一样短暂。但明天，假如你在证券交易所发现你的股票价格下跌了几个点，在十分之一秒的时间

---

① 在此，访客试图难倒齐尔，但齐尔立刻抓住了访客犯的一个错误：访客仅仅在用逻辑思考，这有别于从经验出发来谈论。

里，你就会制造出一个焦虑的拥有者的形象，更糟糕的是，你相信这个形象。不是形象本身束缚了你，而是你对它的信念束缚了你。

摆脱这种信念的唯一办法是一再地留心观看，看清你不是出现在你内部的形象中的任何一个。

由于对形象的信念根深蒂固，你在留心观看你不是什么的时候，能够找到的最大帮助就是爱。

使自己完完全全地、无条件地臣服于爱的对象，乃是真苦行。

这就是为什么绝大多数人如果要获得真正的理解，就需要古鲁。古鲁对你一无所求，甚至不想要你改变。对于他，你就是圆满本身。

当你发现有人完全理解你，包括你自认为糟糕卑鄙的部分，有人始终完全爱你，而不曾希望你改变，此时，你不能不融化。此时，你流下的眼泪是你的力量：眼泪是对你所是的爱最深刻的表达，正是在古鲁面前，你所是的爱被揭示。

这种"融化"——爱本身消融在爱里——是真苦行。它毫不费力地到来。它改变你和你投射出来的整个世界，并向你揭示，甚至在你确信自己是个充满问题的男人或女人时，你实际上也是爱，这爱如今扫清了一切观念和束缚感。

这就是为什么真古鲁不会告诉你，应该做什么才能变得自由，他只是向你指出，你此刻已然是自由本身。唯一要做的事就是审视"你是别的什么"的观念，发现它是假的，并允许它消失。真古鲁不会让你冥想"我希望变成什么"，而是让你冥想"我是谁"。

"我是谁"，这个问题没有字面上的答案，也没有情感上的答案。

答案是不可知者的显现，是爱的显现——当你说爱妻子时，你认出，那种爱即是你自身。

做目击者[1]

访客：你能否解释这一现象：室利·拉玛那·马哈希似乎完全自发地觉悟了，什么也没做。

齐尔：我根本无法解释，无论是室利·薄伽梵本人、我还是你，都无法解释。事情就是这样，没什么可解释的。我们唯一能做的就是指出，你为什么看上去对你的所是一无所知。

当然，有几点是显而易见的。当17岁的维卡特拉曼（室利·拉玛那·马哈希年轻时的俗名）被惊恐攫住，感到自己将死之时，他本来是可以逃到医生那里去注射安定的。这是我们大多数人会做的。可年仅17岁的他却

---

[1] 原载于《山径》，1979年1月。本文基于沃尔特·齐尔的一段谈话录音。

异常成熟，接受了自己的惊恐，而没有逃避。这意味着他是个有着巨大勇气的男孩。

他没有逃避，而是进入惊恐状态，躺在地上，顺从于看似不可避免之事——"我要死了。究竟发生了什么？"

换言之，他从他的人格中自动撤出，站在了目击者的位置。

或许明白这一点非常重要：在以这种方式做出反应时，他完全放弃了在时空中继续存在的欲望。

最终，就像你说的，觉悟来临，而他什么也没做。当然，这是必然的。觉悟只在我们停止行动时来临，也就是在我们忘记自身内部的那个被投射出来的行动者，并充当一切事物的目击者时来临。不仅如此，他还在最关键的时刻选择了目击者的视角，当时，位于人格根基处的惊恐在他心中汹涌澎湃。

这或许是整个故事中最为惊人的方面，因为那种惊恐——它在修习专注、禅定和其他练习的人那里相当常见——是如此根本而重大，以至于能够接受它的人凤毛麟角。通常，我们需要古鲁在场才能克服这种强烈的恐惧，但显然，在他的案例中并非如此。

还有几个可以想到的方面，比如：顺从于不可避免之事，而无改变或逃避的欲望；站在目击者的位置，而无在时间中继续存在的欲望。后一个方面也许是最明了的，人人都能从这个方面来检验自己的位置：我是否渴望继续存在？我是否感到还有很多要做的，还有很多要享受的？我是否盼望着什么？

"盼望"是最精微的逃避方式之一。我盼望如果我以适切的方法修习，会在三年或五年后觉悟……这种态度意味着，我把未来的三年或五年分配给了我的无知——我的人格或私我，而实际上，这使我不可能看清我在当下就是终极实在。盼望意味着在时间中继续存在的欲望；盼望意味着我接受如下信念：我是一个被投射出来的人格、形象，正在度过一段岁月。换言之，盼望很快就会变成障碍、借口。

我的所是必定就在当下，远方没什么要期待的。如果我的所是不在当下，那意味着它不是真正的我，因为我的所是绝不能与我分离，如同热绝不能与火分离。

这个非凡的男孩没有盼望最佳结局：一切都会好起来，他最终能吃到那天的晚饭。他没有试图逃避，一刻也没有。他躺在地上，让自己毫无防备，允许死亡做它该做的。

这种态度是真理、自由或神——无论你喜欢叫它什么——无法抗拒的。全然接受，而不渴望丝毫改变，甚至不渴望改变死亡——这种态度只会导向完全的自由，称"自我觉悟"。如果你如此彻底地接受最后的、最深的恐惧，以至你顺从于可能发生的任何事情，那就没什么能把你拉回。没有私我能胁迫你，没有什么能让你害怕，因为没有什么比死亡更可怕。

这种全然的顺从，以及在时间中继续存在的愿望的缺席，是值得我们思考的。

我们都渴望这个圈子所称的"自我觉悟"，但要明白这一点：渴望它的乃是人格。我们的所是既不需要也不利用渴望。所以，乃是人格或私我在渴望自我觉悟。然而，人格不可能知道"自我觉悟"这几个字意味着什么！人格或被冠以该名词的无论什么，都出现在形象、念头、感受、概念的层面，而在那个层面，自由成了一种构想、一个概念。但事实上，自由与任何概念风马牛不相及。

所以，从形象的层面来看，自由或真我完全是某种未知的东西，换言之，真我的存在甚至是心意无法察觉的。真我是全新的，完全无法料想的。这就是为什么说自我之觉悟即为旧我之死亡。

访客：但是，难道不能作为目击者观看，而不接受它们吗？诸如谋杀、暴力这样的事难道不是在任何情况下都不可接受吗？

齐尔：我所说的"接受"指的是愿意观看事物。不久前，有位被家庭问题困扰的女士来到我这里。她说："我已经做了你建议我做的事，也观看了发生的一切，但对我帮助不大，而且我可以承认，我是带着某种程度的厌恶观看一切的！"

这当然不是接受和观看的含义。她将一个观看者投射进了她的念头和情感中，但她应该观看的恰恰是她心里的那些私密活动，比如她提到的厌恶感。

接受并不意味着赞不赞成，而仅仅意味着接受事实。我们接受存在着谋杀、暴力这样的事实，这和我们是否喜欢谋杀、暴力毫不相干。

但站在远处观看事物对我们帮助不大。要观看的是发生在我们内部的私密之事：我们的恐惧，我们的欲望，我们的愤怒、嫉妒——简而言之，我们感到不和谐的一切。只要观看被投射出来的"我"，就会发现，其精微的防备模式原来是客观现象。我们可以观看这些现象，就像看电影一样。起初，我们会被引诱跳上火车，跟着现象跑。但渐渐地，我们能够观看它们，而不卷入。我的朋友将这种观看比作一场时装秀：你舒舒服服地坐在椅子上，看着一个个模特出场，一套接一套地展示服装。但你不会跳到T台上，用剪刀修改服装！你只是观看，仅此而已。

如果要准确地表述什么是"接受"，可以说，它意味着我们允许任何从内心深处涌出的东西在我们所是的觉知中明确地展现出来，而不进行干预或判断。我们通常很容易允许身体的疲劳或疼痛展现出来；更进一步，我们留心当某人对我们做讨厌的事时，我们展现出来的小小恼怒。只有当我们因恐惧或羞耻而退缩时，才难以"接受"。在那种情况下，我们倾向于抑制某些回忆和情感。所以，我们必须明白，无论我们做了什么傻事，在当时，我们能做的就是好的，而我们的最终动机是追求爱和快乐，甚至连恐惧的最终动机也是如此。看清了这一点，我们就愿意原谅自己，接受自己的羞耻和恐惧，并允许它们在我们内心的觉知之眼前面展现出来。

当我们拒绝某些情感和记忆，我们就创造出了一个私我，这个私我感到必须把它自身投射出去。然而，

我真正想要什么？
——智慧瑜伽答问

当我们允许事情如其所是地发生，就不会有私我，而只有觉知，在其中，感受和念头起起落落。那时，我们便是终极实在的"目击方面"。在那里，在那个"非时非地"（no-spot, no-moment），有着一扇门，门的一边是梦与幻，另一边则是人们所称的真我。我们的所是——真我——超越束缚与解脱。

访客：据说，当我们达成目标，所有道路将在那里会合。但在室利·拉玛那·马哈希的例子中，没有别的道路的痕迹。你无法说出他在根本上是圆满的智慧者，还是圆满的虔信者；他是智慧本身，还是爱本身。他显然同时是二者。但在他的故事中，却没有任何像虔信这样的东西的痕迹。

齐尔：不要被故事中的漏洞误导。如果这个奇迹男孩没有一颗充满爱的心，他的自我觉悟绝不可能发生。若非爱着自己的身体，他绝不可能放下身体。若非爱着自己的精神，他绝不可能放下精神。

访客：他爱自己的身体吗？这个说法让我吃惊！有的圣人说身体只不过是个臭皮囊。

齐尔：我不这么认为。当然，历史上有些伟大的人会在三摩地状态中说些什么，那些言语在当时的特殊语境中完全正确,但在别的语境中却成了胡言乱语。你很可能想到了室利·罗摩克里希那,他说过那样的话。但你必须明白,在他说出那些话的光明状态中,那些话仅仅意味着:你,至上者,是值得我为之生活的全部,在你面前,其他任何事物皆为污物。你绝不能把那些话当成字面上的真理,并让它充当比如智慧之道这个语境中的指引。

任何圣人——尽管事实上只有唯一的圣人——都是爱本身。由于世界无非是我们自己的感知,因而,我们总是从自己所在的层面看待世界。对于偏执狂,世界是个危险的阴谋。对于圣人,世界唯有光明,是光与爱之舞——如果你愿意以此来称呼不可言喻者。可见,对于圣人,身体就如同草叶、太阳、知识或孩子脸上的笑容一样美妙。圣人所见皆为光,无论这光呈现为一个人、一具身体,还是呈现为其他任何形式。

只要我们不是把身体当作奇迹,为了身体本身的缘故去接受它、爱它,而是把身体当作享乐之源,我们就无法放下身体。只有把一切视为光,我们才有自由;只要"我"的一部分被视为污物,我们就没有自由。擦亮眼睛,你会发现没有污物。

只要你认为自己有一部分是不净的,你就不能完完全全去爱谁。因为如果你把自己给予谁,你给出的就是一个臭皮囊……因此,你不会给出自身。你用羞耻和防备之墙遮挡那个被假定的臭皮囊,你甚至都不愿意想起它。本着这种态度,你的所有关系都被污染了、扭曲了。谁喜欢一个臭皮囊呢?甚至连神也不喜欢。

所以,这一点是最令人吃惊的:某人遇见了他的古鲁,并逐渐发现古鲁完全了解他的"污物",却仍全心全意地爱着他。在阿尔伯特(Alpert)的《活在当下》(*Be Here and Now*)一书中,有个美妙的故事。阿尔伯特突然发现古鲁了解他的所有念头和感受,包括所谓的恶念。他甚是羞愧,恨不得钻进地洞。过了一会儿,他从眼角偷瞄古鲁。他看见了什么?古鲁看着他,充满了耀眼的爱。于是,阿尔伯特彻底放下,融化在泪水中。

这一定会以某种方式发生在我们所有人身上。当我们的私我的眼光视之为不可接受的一切被置于爱之光下,所有问题如冰雪般消融,剩下的唯有爱。可以接受和不可接受是私我的怪念头,而私我只是看待事物的一种方式。实际上,不存在私我这回事。

所以,要放弃这种迷信:你的内部有阴影,那里没有爱。每一道阴影都是一种防备，而每一种防备最初被建立起来都是为了保护你曾经所是的那个孩童的脆弱小心灵。因而，防备的建立是一项爱的工作，为了保护爱。但现在，作为成人，你能理解自己实际上是一个用之不竭的活水源头。你拥有这么多，无须害怕被虐待。你绝不会缺爱，这不是因为你拥有这么多，而是因为你就是爱。你的所是绝不能被夺走。

访客：你常提到，你说的"爱"不是一种感受，对不对？

齐尔：对。在此，去神秘化或许是有益的。当你爱时，或当你快乐时，发生的是什么？

所谓的"我很快乐"由两部分构成。一个是基本部分，即你是快乐本身、自由本身，超越感受。但通常，你是如此痴迷于念头、"我之感"和其他起起落落的客体，以致你感受不到你所是的和谐。在你将自己视为一个客体、一个私我的时刻，你的体内产生了紧张。然而，当你说"我爱"或"我很快乐"时所发生的是，在那个时刻，所有认同消失了。结果，所有紧张消失了，你体内的大量能量得到了释放。你感到心中热情洋溢，等等。通常，我们把这视为爱，但事实上，这种感受仅仅是爱的实质之表征,是放下关于你自身的愚蠢想法的结果。当然,每一个关于你自身的想法都是愚蠢的。认为你很好就和认为你很坏一样荒谬。你不是想法,不是意见,不是某种可以接受的东西,也不是某种不可接受的东西。但是,为了超越表象,我们必须从接受开始。超越好与坏的真正的接受,仅仅是允许事物在觉知之光中毫无掩饰地展现,而不加干预或判断。站在这个位置,我们自然而然正在活出绝对实在的目击方面。渐渐地,我们的皮囊清空,恐惧和欲望消融在我们所是的觉知中,最终剩下的唯有觉知。觉知不是某种需要寻找和得到之物,我们就是觉知,实际上我们当下就是觉知。修习者唯一应该达成之事,就是摆脱如下观念和感受:我们是别的什么(而不是觉知)。摆脱之后,我们会突然发现觉知,或者说觉知溜了进来,甚至在我们内部迸发。我们完全不用做什么,来让这个最终的"非事件"发生。当自由变得可能,自由就会出现。

先接受我们自认为的样子,仔细观看,再将它放弃。由此,自由变得可能。当我们明白,我们从来也不是我们自认为的样子,那时,所有的观念都会消失,只剩下我们的所是。就这么简单。不过,对我们自认为的样子的这种沉默的观看、深切的聆听必须非常密切和彻底。

我们每天都会遇到表面上知道自己的生活出了什么错的人，但那没用。最近，有个酒鬼来这里谈论他的问题。他说："我知道自己为什么喝酒，因为我的母亲从来也没有爱过我。"可他仍是个酒鬼，他没有深究自己的陈述。只有当他再次看到并感受到他何以是个悲伤的孩子，夜里在床上哭泣，孤孤单单，他才意识到了他的悲伤之深。继而，当他明白这个悲伤的孩子在被母亲推开和冷落时，实际上完全是无辜的，内心敞开、毫无防备、信任他人，这个时候，他得以看清，他依然是这个内心敞开、信任他人的孩子，躲在曾经保护他免受冷酷环境伤害的围墙后面。只有这样，他才明白，这个孩子曾经是、现在依然是生命、爱与能量的不竭源头，没什么要保护的，因为没有人能够夺走他曾经是、现在依然是的样子。当他完全看清这一点，他就无须让围墙继续耸立，继续滋养他对于缺爱的恐惧。他领悟到，他自身即是一切爱的源头，只有他自己的防备才会阻碍他活出这种爱。于是，他的恐惧——无法从外部找到爱——脱落了。从这一刻起，他不再需要酒精。

我们和那个人一样。我们服用麻醉药，寄希望于它们带来我们想要的温暖，或阻止我们再一次失望。我们当中有些人把性当作药去追求，有些人追求聪明才智，还有些人建立起善解人意的大顾问的形象，等等。这一切都被用来填补缺爱的"我"所感受到的空虚。

一旦我们领悟一个事实，即我们自身就是我们正在寻找的，我们便会减少乃至最终放下对外部之爱的追求。所有麻醉药的共同成分是私我，私我是终极防备，它将我们与我们所是的爱分离。但私我没有任何实在性。它无非是一种看待事物的方式，一种迷信。当你寻找私我，并试图找到它，你会发现，没有私我这回事，它只存在于你的想象中。

幸运的是，谬误或迷信在被看穿时便会消失。所以，我们不必赶走私我或打败它。我们只需接受它，允许它毫无掩饰地展现自身，很快，我们就会发现它没有任何实在性。这就是我们需要的全部。在我们发现并看穿那种思维模式的时刻，它便消失了。

剩下的是自由本身。不是私我的自由，而是因摆脱存在私我的幻觉而来的自由。

对于大多数人，在私我缺席的感受中继续生活——这段生活代表最后的阶段。我们是如此习惯于私我的存在，以至现在我们活在私我的缺席中，直到这种状况变得如此自然，自然到我们完全忘了它。以前，我们受缚于对私我的信念，现在，我们受缚于私我的缺席。"私我的缺席"是最后的客体，它告诉我们，我们仍然受到限制。当我们将私我的缺席也视为一个客体并认同于它，它就会融入我们所是的在场。唯有这才是自由、是光，世界时不时从中呈现，在世界没有呈现时，它也存在着。

所以，深眠——名色的缺席——原来是光本身，它和我们以为的"没有记忆的黑暗"完全不同。

> 修习者很少理解心意的暂时静止（manolaya，寂止）和念头的永久熄灭（manonasa，寂灭）之间的分别。寂止是念头波动的暂时平静，尽管这个暂时的阶段甚至可持续一千年，然而，一旦寂止结束，暂时静止的念头就会生起。所以，你必须留神观察自己的灵性进步。一定不能让自己被念头的这种静止给迷住，一旦你经验到静止，必须让意识苏醒，并在内心自问是谁在经验这种静止。一定不能让任何念头闯入，同时，一定不能被这种沉睡（瑜伽睡

我真正想要什么？
——智慧瑜伽答问

眠）或自我催眠压倒。虽然寂止是进步的标志，但它也是拯救之路和瑜伽睡眠的分界点。简单而直接的拯救道路，即最短的捷径，是质询法。通过这种质询，你让念力潜入更深，直至它抵达并融入源头。那时，你将得到内在的答案，并发现你安住于你的内在，彻底熄灭了所有念头。

——室利·薄伽梵《拾遗集》（*Crumbs from His Table*）

关于束缚与解脱的终极真理[1]

访客：室利·拉玛那·马哈希一再说，真我始终是觉悟的，这是什么意思？

齐尔：如果你尚未理解一个基本事实，那么他的说法听上去完全没有意义，这个基本事实就是：每一客体，无论我们称之为物质客体还是精神客体，都出现在你内部，而不是出现在你外部。马哈希的说法之深度，你不可能马上领会。首先，你必须不怕麻烦地，也许是费尽心机地弄清，你唯一能够认识的事物就是出现在你心意中的事物。所谓的世界（包括你的身体），所谓的念头和感受，总之你所知的一切，都只是出现在你觉知

---

[1] 原载于《山径》，1979年7月。本文基于沃尔特·齐尔的一段谈话录音。

中的事物。无人认识未曾出现在其觉知中的事物。你只能认识出现在作为"有知的在场"的你内部的事物。

一旦理解这一点,就很容易发现,你所感知的一切来来去去,而在它们出现之前、持续期间和消失之后,你始终存在着。

你还会发现八曲仙人的说法之真实性:无物能在你这里留下印迹。假设在十点钟,你产生了一个念头,回忆起了第一天上学时的情形,而在十点零一分,你产生了必须出去买点什么的念头,那么,在十点零一分,第一个念头已经完全消失,以便为另一个截然不同的念头腾出空间。第一个念头必须消失,在一个极短的瞬间,你是全然的"空"。"空"使得新的念头、感受或感官印象有可能产生。觉知一次只容得下一物。

明白之后,就有可能获得一个最重要的发现:在"我的意识"或"我的觉知"这个表述中的"我",也是一种短暂的呈现。所以,我前面的表述是错误的,事物并非出现在"你的"觉知中[①],因为"我"和"我的"的感受同样来来去去——它们是被感知之物,是意识中

---

① 实则你就是觉知。——杜迦南达

的活动，就像我们对房子、街道、亲密感、意见、厨房用具的感知一样，它们同样是被意识感知的客体。

所以，意识存在于感知出现之前、持续期间和消失之后。在梵文中，意识被称为"阿特曼"。意识从不改变，尽管出现在意识中的客体来来去去。客体只不过是意识中的活动，我们以"心意"一词统称之。

一旦你深刻地理解了这一点，理解你是那永恒的在场、意识或阿特曼，而且无论出现什么，你从不改变，那么，你就能理解马哈希的说法。

我们现在已经弄清，出现在作为意识和在场的你内部的事物依赖于你，而不是相反。在任何客体出现在你内部之前，你作为在场必定已经存在着。如果没有水，就不可能有波浪，如果没有意识，就不可能有意识中的活动。

这一发现可以立刻揭示，没有客体能够束缚你。就像空气中的声音振动绝不能束缚空气，意识中的振动和活动绝不能束缚意识，而意识即你所是。

幻觉告诉你，你受到时间、空间和因果的束缚，或者在心理学意义上，你受到恐惧和欲望的束缚。然而，如果你真的不怕麻烦，真的想要发现终极真理，那么你将领悟：一切事物都出现在你内部，并在片刻之后消失，而你不曾改变。

所以，一方面，宇宙中没有什么能够束缚你，因为一切事物，包括"我"和"我的"的感受，皆依赖于作为"有知的在场"的你。你就像一个无限的源头，从中，被称为"我"或"世界"的种种活动出现。当这些活动停止出现——要么在一个短暂的瞬间，上一活动已然结束，下一活动尚未开始，因而觉知之屏幕未被占据，要么在无梦的深眠中——你并不停止存在。无论是在被感知的不同活动之间的空白间歇，还是在深眠中，你都没有"停止存在"的念头或感受。不管有没有事物、有没有活动出现，它们从中出现的"那"在它们消失之后依然存在。在时空出现的醒态和梦态中，你存在着，在时空不出现的深眠中，你存在着。深眠中你不在场——这一念头的出现仅仅说明了你对醒态和梦态的碎片的认同。不在场的只是醒态和梦态中投射出来的"我之感"，而不是作为在场、意识或阿特曼的你。

可见，没有客体能够束缚你，因为每一客体皆依赖于你。

另一方面，也没有能被束缚的"我"。你所称的

"我"是一个形象、一种投射、一种感受或一种状态，它始终是短暂之物，换言之，是出现复消失之物。当你谈论"我"时，你在谈论的是意识中的无数活动之一，且称之为一个念头。

这样一个念头如何能被束缚，又能被什么束缚？被时间束缚吗？但时间本身就是一个念头。一个念头如何能够束缚另一个念头，既然一次只会出现一个念头？

可以说，一个念头（一个"我"的念头或其他任何念头）是一种相当短暂的呈现，就像天空中飘过的一片云。"束缚""解脱"之类的词并不适用于客体。一把椅子是受缚的还是自由的？一个念头是受缚的还是自由的？一片云呢？一块石头呢？

这些事物皆是被感知之物，即意识中的活动，它们即非受缚也非自由。我们的幻觉在于认为它们是意识之外的事物，是给予我们经验的事物。实际上，意识或在场是唯一的经验，我们就是经验本身。马哈希把经验中来来去去、起起落落的一切称为"我-我"。

所以，一方面，没有什么能够束缚我；另一方面，没有能被束缚的"我"。换言之，束缚的存在是一种幻觉。束缚的观念本身就是一种幻觉。

由此可知，无人能被解脱，也无人能被束缚。没有束缚这回事，也没有解脱这回事。这就是终极真理。退一步，也可以说，解脱就是发现"既无束缚，也无解脱"。

一旦开始明白"既无束缚，也无解脱"，你就知道进一步的追寻没有意义，因为追寻意味着某人需要解脱，某人身在自由之外。当你彻底看清，追寻就结束了，追寻者也随之消失了，因为没有追寻就不可能有追寻者。

在这里，有某种可以比喻为连锁反应的东西。

在追寻和追寻者消失的时刻，也不再需要念头。"念头与思考者"的现象只不过是不断的尝试——尝试寻找安全感、控制周围环境等。当你明白不存在需要安全感的"我"，对念头的需要也就消失了，随之，作为思考者的感受也消失了。由于念头和思考者构成我们所称的心意，它们的消失意味着心意的完全静止。但静止的根本不是心意。根据概念，心意是活动，真正的静止绝不可能是心意的静止。静止实际上是真我或阿特曼的另一种表述。

室利·拉玛那·马哈希把圣人解释为没有心意之人，他说的是同一回事，只不过说法略有不同。

所以，在心意不活动的时刻，静止显现并保持。这种静止被称为"萨哈嘉无余三摩地"（Sahaja Nirvikalpa Samadhi）。我们无须做什么来引发它，正如商羯罗（Shankaracharya）所言："当正知之风吹走幻觉之云，无需别的什么来让太阳照耀。"它始终就在那里。

换言之，在称为"无知"的招数被揭露的时刻，即一旦你彻彻底底地明白，不可能有束缚或者能被解脱的"我"，你唯一要做的就是保持这个洞见。剩下的会自动到来，因为真我始终是觉悟的。

束缚是一种观念，是别人教给我们的东西，只有相信它，它才是有效的。

当我们通过吠檀多传统和真古鲁的在场获得清晰的洞见，消除对幻觉的信念，我们便意识到，我们始终是自由本身，甚至在顽固的信念似乎主宰着我们的时候，我们也是自由本身。

薄伽梵也曾说："要消除'你尚未觉悟'的观念。"他说的是同一回事。

真正的圣人即为爱本身，爱将自身表达为多种方式，用来体现唯一的终极真理，因为真诚的聆听者需要借助那些方式，才能放下错误的观点。

可见，瑜伽士通过使用力量、压制心意和拒绝念头才能暂时达到的静止，在智慧之道上会毫不费力地自显。由于没有"我"去努力地控制身心，智慧之道的修习者感受到的静止是永恒的。一旦明白这一点，就再也不可能认为自由会再度离去。

健康、疾病和室利·拉玛那·马哈希的启示[①]

对于有些人，室利·拉玛那·马哈希如何可能死于像肿瘤这样的疾病，是个谜；而有越来越多的迹象表明，这种疾病通常有着心理原因，比如被拒绝承认或被压抑的憎恨——这并不让问题变得简单。

从外部来看，我们看到的是一个被称为"圣人"的人，即一个男人或女人，并且我们被告知，他或她不再有私我。但只要我们活得像个人，这种表述（指从外部看到的样子）对于我们就没有多少意义，它是又一个概念、又一种观念。它唯一的重要性在于表明解脱或自由是一种可能性，但知道这一点并不使我们的看法发生深

[①] 原载于《山径》，1979年10月。本文基于沃尔特·齐尔的一次晚间谈话。

刻的转变。

然而，圣人是心意完全不能理解的。念头和感受根本不知圣人为何物。一个转瞬即逝的念头如何能够理解永恒的在场呢？

理解圣人的唯一方式就是成为圣人。诉诸你内在的圣人不像听起来那么难。你只需稍稍反思就能明白，任何观念都不能困住你自身。你是观念从中生起，并在观念消失之后长存的"那"。所以，你如何能被等同于观念呢？

因而，你的真正所是完全不可思议。圣人与无知之人的唯一区别在于，圣人自觉地作为"不可思议者"而活着，无知之人则时不时相信自己是出现在心意中的一个形象：我是一个男人，我是一个女人，我是一个无赖，毕竟我没那么坏……没有什么太过疯狂而不能相信。在"我很坏"这个念头出现的瞬间，你点头说"当然，当然，我多坏啊"，第二天，一个相反的念头出现，你再次点头说"当然，当然，毕竟我没那么坏"。

解脱可以定义为，完全不相信念头告诉我们的有关自我和他者的话。

最近，有个朋友从大老远打电话给我，想和我讨论问题。他说道:"啊,是的……但我没有觉悟……"。于是,我问他:"你怎么知道?"

他沉默良久(很贵的沉默)。

总有一天,他一定会明白,"我没有觉悟"这个观念是荒谬的。只需想想:一个念头飘过,说"我没有觉悟"。这个念头知道什么觉悟呢?

如果一个四岁孩童说爱因斯坦是个疯子,我们会笑。但我们自己却相信塞入念头中的任何信息,这同样幼稚,我们就像睡梦中的孩童,完全无意识地重复着任何念头想要告诉我们的任何内容。可见,"我没有觉悟""我觉悟了"或"我懂很多"这样的说法纯属谬论。但我们相信这些说法,这就是我们的束缚。借用八曲的话:我们把认识者,也就是我们所是的沉默的目击者,视为某种别的东西,某个没有觉悟的人。

但我们的所是与我们的所信是如此不同,以至没有言语能够道明我们的信念与真相之间的距离。我们现在是、过去是、将来是的在场,超越束缚与解脱。我们的所是绝不能被束缚,也绝不能被解脱。解脱只不过是这种迷信的消失:我们是一种投射,处于时间中,必须得到解脱。

同样的问题出现在对"圣人"一词含义的理解上。只要我们把自己想象成时间中的一种表象，我们就只会把圣人看作一个男人或女人。我虽然确信室利·拉玛那·马哈希是个伟大的圣人，但最初想到他时，我仍然禁不住纳闷他为什么像别人一样吃饭喝水。只有在他让我回到我自身，并让我明白我不是身体——既不是一个吃饭的身体，也不是一个禁食的身体——我才看清问题出在了哪里：我把自己的无知看法投射到了周围的事物上，甚至投射到了我视之为最大光明的那个人身上。

当我看清我不是身体，我才明白，圣人也不是身体。一旦认清这一点，就会明白，健康和疾病不适用于圣人，而只适用于身体。

当我看清我是那不可分的在场，世界、身体、疾病或健康从中出现和消失，我开始领悟，我始终是一切——无论伟大还是渺小，疾病还是健康——的内在基础。在时间中，在表象层面上，才有伟大和渺小、快乐和悲伤、疾病和健康，而圣人是这些二元对立所共有的基础。谈论一个健康的圣人就像谈论一个生病的圣人一样荒谬。

此外，还有一点："为什么"的问题绝不能以念头能够接受的方式回答。说得更详细些，需要具备多少条件我才能写出这篇文章？一堆条件，比如，我的父亲出生在美国的西南部，而我的母亲出生在美国的东北部——他们是怎么相遇的？还有铁路和蒸汽机的发明——这不是史蒂文森先生（Mr. Stevenson）的功劳吗？那么他的父母又是怎么相遇的？……你看，只需五分钟你就能明白，甚至连最小的事件也有着数不清的原因，路边的小草亦是如此。

当然，有一个令人宽慰的想法：我们如此深爱的薄伽梵生病是因为他承受了别人的业。或者，对于站在另一端的怀疑论者，这是一个令人愉快的想法：你看，那些所谓的印度圣人也是凡人，人们对他们抱有的看法都是迷信。但无论你怎么想，都不能说明什么。每一件事都有着数不清的原因。

所以，让我们放下有关原因的问题，回归事实，看看事实能否告诉我们什么。

每当想起1950年的事，我就感到不可思议——一个称为"室利·拉玛那·马哈希"的表象，其存在本身立刻毫不费力地将我带入了我的存在之核心。在回忆中，我看到一个身体虚弱的人，几乎没法走路，倚靠在侍者的手臂上，但他是如此光芒四射，以至我无法直视他的双眼，除非我完全顺从；我看到一张脸，上面不时出现痛苦的表情，五秒钟后又露出孩子的笑容，其光芒让太阳也黯然失色；在这一切中，我首先看到的是他看着我，当时的我还不明白这是爱本身在看着它自己。很多人经验到同样的澄明，同样的渗透一切的在场，那就是爱与知识本身。同时，我的心意告诉我，这种不可思议的光明现象、这光中之光遭受着极度的病痛。

对此，我们可以说的只有一点：这是活生生的一课，告诉我们如何面对痛苦和疾病。正如那个17岁的男孩维卡塔拉曼（Venkataraman，马哈希年轻时的俗名）没有逃避死亡的恐惧，同样，这个表象上的老人没有逃避痛苦，也不想摆脱痛苦，他一视同仁地接受痛苦和快乐。他没有一丝延长寿命的欲望，也没有一丝迅速结束一切的欲望。显然，对于他，每一个表象，无论是可爱的孩童，还是可怕的疾病，都是光明与爱的显现，因而是完全可以接受的，甚至是神圣的。

所以，在我看来，在这个称为"有身生活"的部分，他对痛苦的态度揭示：弟子无须把痛苦当成可怕的现象去逃避，相反，可以把痛苦当作修习。就像欧洲传统常常认为的，净化我们的不是痛苦，而是对痛苦的全然接受。当我们卸下防备，卸下"我们应该觉悟"的观念与斗争，痛苦便向我们自显为宇宙交响乐中无数旋律之一种。大大小小的旋律合起来构成一首天乐，只有完全顺从我们所是的光才能听见它，而爱之光则以我们称之为薄伽梵的不可思议的、光明的显现向我们展示自身。

只有这种爱才能向我们展示何为善。因为无知，我们在心情愉悦、身体健康时，总认为自己在进步。但也有人在事故或疾病导致身体缺陷之后，开始了内在的追问。善与不善并不取决于环境，而是取决于我们的内在态度。善打破对"个人"的信念，不善则增强之。

室利·薄伽梵所展示的全然接受，是对一切防备以及对私我（私我只不过是防备的中心）的彻底、直接的致命一击。

这就是"直接道路"：不是努力在不久的将来或遥远的未来觉悟，而是在此时此地完全顺从我们的真正所是。

薄伽梵室利·拉玛那·马哈希，阿鲁纳加拉之光，以诸多方式展示了一个事实：我们即为自由本身，我们不是要获得自由，而是要立刻认出自由。

这就是再真实不过的真相。

能量、创造与爱[1]

一个人确实知道并且能够知道的唯一事物,是在他的心意中自我呈现之物,是在他所是的意识中自我展开之物。一把椅子或一间房子仅仅对于人来说才是存在的,它作为一种感知呈现出来,换言之,我们所知的椅子和房子仅仅是意识中的表象。

表象变化无常,而意识不变。向内看,我们发现,作为意识的我们始终是心意中呈现的所有感知的沉默的目击者(我把"心意"一词用作一个集合名词,包括意识中的所有活动,比如感受、念头、感官知觉,以及醒态和梦态)。这些感知全部出现在意识中,如同波浪在大海里。

---

[1] 原载于《山径》,1980年1月。

无论是危险的大浪,还是平静的小涟漪,水始终是水,同样,无论意识中出现了什么,意识始终是意识。

所有活动、所有感知——念头、感受和感官知觉——都只不过是能量的活动。每一种这样的活动都有其开端、顶点和结束。意识,即我们所是的经验本身,在活动开始之前、持续期间和结束之后始终存在着,就像水在波浪产生之前、持续期间和消失之后始终存在着。

要尽可能长久而频繁地考察这一事实,以便完全明白,我们唯一知道的就是我们所是的"有知的在场"中的能量活动,无论我们想不想要,也无论我们有没有意识到。这至关重要。

一旦领会这个发现,我们会突然看清,所谓的世界、他人、房子、"我"都是一种能量活动,从我们所是的意识中涌出。

只要我们将自己认同于这种能量活动的一部分,它就会持续下去。这里的"认同"指我们把自己经验为男人、女人、思考者、行动者、拥有者等等。我们始终在寻找的深沉的平静、幸福或爱在这种能量活动停止的时刻才会开始出现。

终止能量活动有两条路可以走。第一条是瑜伽士的道路。瑜伽士棒打心意中的念头，视之为必须控制的敌人，由此，通过诸多努力，他达到一种短暂的平静境界，称为"三摩地"。这种境界始终是短暂的，因为它由"我"所创造，随后由"我"所宣称——瑜伽士认为他进入过三摩地，却没有注意到三摩地正是这个"他"的缺席。

第二条是智慧之道的修习者的道路。他意识到念头只不过是他所是的"有知的在场"中的活动。由此出发，没有什么可以成为敌人；每一念头、感受或感官知觉都是意识中的一种活动，因而是"我"自身的一部分。对于智慧之道的修习者，没有别的什么"境界"；他知道只有无条件的意识，即经验本身，万物源于作为经验本身的他，而非源于作为个人的他。他所是的活生生的在场是原料，一切表象从中创造出来。他即为所有人、所有念头，没有什么要控制，没有"我"要抑制，因为所谓的"我"也仅仅是能量的活动。在场即为他所是，无论里面有没有活动。这就是为什么他的"境界"（实际上是"非境界"）是永久的、永存的，尽管没有"我"宣称拥有这种境界。

在斯瓦米·尼哈拉南达（Swami Nikhilananda）编辑

和注释的一本收录《蛙氏奥义书》（Mandukyopanishad）以及乔荼波陀和商羯罗对它的注释的传世之作中，我们读到：（1）醒态中的客体就像梦态中的客体一样，是心意的想象；（2）二者的区别仅仅归因于它们使用的感知官能不同。该书2.13颂的注释说，世界只不过是一个内在的观念，被感觉器官投射到了外部。这意味着什么？或者说，我们如何来理解这句话的真实性？

用20世纪的词语和我们可以在严肃的周末杂志上见到的句式来改写这句话，或许可以说：

我们认为自己是生命体，由血、肉、骨等组成。这种信念是如此顽固，以至我们没有一刻记得在学校里学过的知识：血、肉等事实上由分子组成，分子由原子组成，而原子由异常微小的粒子组成，没有一个在世的科学家对它们的大小有哪怕模糊的概念。每一个原子都是一个微小的太阳系，相对来说，各个粒子之间就像太阳和地球一样相距遥远。如果有人消除粒子之间的空隙，那么你、我和整个蒂鲁瓦纳马莱的人口也许可以装进一个火柴盒里。

换言之，这个身体的99.9%以上是空。从物理学的角度，这是个事实。我们是一个大气泡，甚至连气泡也算不上,因为空气也由原子构成。换种说法,我们是个空皮囊。宇宙射线和各种微小粒子穿过我们,甚至连身体的一个原子也没有撞到。

至于"火柴盒"中的部分,那重要吗?当我们着眼于合起来组成原子的最微小的粒子,物质、能量、光和热之间的界线消失了。最终,我们只不过是光或能量。

科学家们也许会发现能量来自哪里,但我们确信已经知道答案:能量来自爱。

在心理层面上,这一点是显而易见的。我们讨厌的工作如果是为了所爱之人而做,就会变成件乐事。在这个气候几乎和英国一样糟糕的国家,一个年轻人会认为,冒着凄风冷雨骑车20里路去看他的甜心,那没什么,但他很可能从来没有为了购物而那样做过,如果他不得不那样去上班,他会抱怨个没完……在我们爱的时刻,我们拥有无穷无尽的能量,为了让所爱之人快乐,就没什么事是做不了的。

在爱中,那些被投射出来的"我"是缺席的,整个注意力集中于爱人,而不是集中于"我"——我们常常将之投射进自己的身体或念头的那个"我"。被投射出来的"我"(在一天中有许多被投射出来的"我")的缺席带来一种巨大的放松，释放出足以使整个身体消融于爱的能量流。只有当"我之思"返回，"我是一个身体"的观念及其称为"世界"的延伸部分才再度被投射进时空。

我们对一个稳固的物质世界的观念确确实实就是观念，不多也不少。为什么我们如此难以明白这一点，即使我刚才以粗糙的方式讲述的道理不是我们在寺庙或教堂里听到的道理，而是我们在学校的物理课堂上听到的道理？原因在于如下事实：我们将自身认同于所谓的"偶然波长"，即偶然频率。这种认同制造了唯有它才是事实的印象。但很容易看到并非如此，因为在梦中，我们以同样的方式将自身认同于其他频率，而不难认出那些频率纯粹是精神性的。我们在梦中对其他频率的认同制造了一场秀，它对于做梦之人是真实的，就像醒态的秀对于清醒之人是真实的。

换言之，醒态的表面现实，以及梦态的表面现实，仅仅归因于一个事实：我们一头扎进了称为"清醒之人"和"做梦之人"的形象，并坚信我们就是那个人——正如父母告诉我们的。对他们的说法的盲目信仰引发了一件惊人之事，用商羯罗的话说就是：我们在感官的帮助下将一个观念投射进了时空,由此创造了一个看上去如此真实的梦境,以至我们发现几乎不可能相信它完全非真,即使最伟大的灵性专家和世俗专家以最清晰的语言向我们解释它完全非真,我们也不信。

这就是为什么对于至少99.9%的人,一个活生生的在场——古鲁是必要的,他的洞见与确信是如此圆满、如此清晰,能够逐渐消除我们从父母和周围的人那里继承的深刻信念。真实而稳固的世界这只"兔子"仅仅是借助我们的信念从幻觉这顶"帽子"中制造出来的。当我们通过论证——也许首先通过真古鲁显示出的确定性和明晰性——确信,我们对于被投射出来的"我"的信仰是十分幼稚的,这个"我"便消失了,随之,稳固的世界也消失了。也许这就是为什么商羯罗十分幽默地将古鲁比作戏法师。他说古鲁比魔术师更伟大,因为魔术师展示给我们的是不存在的东西,而古鲁在自己和弟子之间创造了平等性。换言之,古鲁揭露了我们内在的戏法师——感官、记忆和父母的说法——幻化出来的盲目信仰,并使我们从这种幻觉中解脱。当解脱发生时,留下的是自由、纯意识、阿特曼,即古鲁。古鲁同时是道路(即使我们最终发现,不存在从我们自己去往我们的真正所是的道路）和目标；他是自由、平静、爱本身，或者任何我们喜欢用来指称终极实在的标签。当我们发现我们也是自由，目标就达成了，那时我们也自觉地成了古鲁自觉地所是的。古鲁和我们的唯一分别在于，古鲁始终知道这一点，而我们曾经无知。

我们只要认同于对一个形象——被投射出来的"我"——的信仰，就绝不能找到终极实在。有限者绝不能找到或理解非有限者。但是，在我们对有限者的最后一点信仰消失的时刻，非有限者或终极实在便再清楚不过地自显。

我们不能通过棒打有限者来找到终极实在，那意味着我们信仰有限者，即使仅仅把它当成了一个讨厌的敌人。只有这样才能找到终极实在：通过清晰地观看，发现有限者只不过是海市蜃楼，是我们所是的"有知的在场"中的活动，而且有限者没有一丝独立性，它依赖于作为纯意识的我们，就像波浪依赖于水。

所以，被投射出来的"我"完全非真，而只是一个念头，一个投射在屏幕上的形象。这个"我"绝不能解脱，因为它本身并不存在。这无疑是商羯罗这番话的含义："没有死，没有生，没有束缚，没有对智慧的渴望，没有追求解脱者,也没有解脱。这就是绝对真理。"

或者,借用室利·拉玛那·马哈希(光明本身)异常简单的话:"放下你没有觉悟的念头!"亦即放下这样的念头:你是某人,正在寻求某物。

> 以执着履行的行动是一副镣铐,而以不执履行的行动不会作用于行动者。独自行动之人是平静的。履行职责是真正的敬拜……安住于神是真正的坐法。
> ——《马哈希的启示》(*Mahashi's Gospel*)

谈谈当下[1]

在追寻真我的意义上，"当下"一词有两层意思：字面的和隐含的。

"当下"的字面意思是作为念头的现在，比如，现在，我正坐在打字机前，记录着几周之前在德国和一些朋友谈话的要点。那时，我在一个名叫杜塞尔多夫的城镇附近，而现在，我回到了自己在荷兰德比尔特小镇的新居。今晚，我将在20公里以外的另一个镇上，而现在，我正坐在自己的书房里。

当下就是现在这个时刻，不幸的是，我无法抓住它，因为在我试图抓住它的那一刻，它溜走了。我们绝不能抓

---

[1] 原载于《山径》，1981年1月。

住现在这个时刻,这就是为什么我们说它转瞬即逝。

事实上,"当下"的字面意思(指现在这个时刻)是一个念头。念头是意识中的活动①,而意识中的活动绝不能被抓住,因为没有什么念头会停住几分钟,好让我们安静地看着它,并巩固这样的印象:它是我们的所有物,我们称它为"我的念头"是正当合理的。

如果说念头是我们的所有物,那么它也是容易溜走的所有物,我们甚至无法控制它或留住它几秒钟。因而,有些人十分绝望,因为他们试图抓住当下,抓住这个转瞬即逝的时刻或此间发生的事——这个与所爱之人共处的宝贵时刻,这个似乎即将澄清我长久以来无法解决的问题的时刻;等等。我们虽然察觉自己正在老去,时间正在流逝,却完全不能让时间停止,甚至不能让时间放慢。②

对于我们,生活就像一场穿越时间之旅,它起始于出生,终结于我们尚未知晓的那个死亡时刻——到那

---

① 这意味着念头是流动的。流动和静止相反,我们无法抓住流动之物。——杜迦南达
② 我们试图让时间停止或放慢,因为我们给了时间一个真实的位置。但所有见者都告诉我们,时间非真。

时，身体将停止活动和呼吸。

当我们以这种方式来看时间（尤其是把此刻看作岁月长链上的一环）[1]，我们看的是客体的时间、客体的当下，也就是我们感知到的时间和当下——时间为客体，我为主体。

然而，"当下"是这样一个词：深究它的真义，便发现另有天地。[2]

实际上，"当下"一词仅仅指真正的当下，而那绝不可能是个念头，因为一个念头在我们知晓它时，已然成为过客。一个句子只有在你读到句号时，才能被你理解，而等你读到句号，这个句子已经成为记忆、成为过去。我们感知的每一事物只有等到感知已经完成，才被我们知晓。所以，在一个完美、不动的当下时刻，似乎绝对无物可知。

由此可得，"当下"一词绝不可能指被感知之物[3]，

---

[1] 我想，这是因为当我们想到"年、月、日"之时，我们想到的是在年、月、日中看到的客体，而非主体。所以，这是客体的此刻，而主体（我）不变。——杜迦南达

[2] "当下"一词可以超越其自身的含义。这就是为什么圣人们说现在或当下引领我们进入实相（如果我们正确地追求）。——杜迦南达

[3] 这是因为感知总需要时间。——杜迦南达

我真正想要什么？
——智慧瑜伽答问

无论是在感觉层面、思想层面还是情感层面，都是如此。

这个发现对我们的日常事务几乎没什么影响，我大可以说我现在正在一边码字，一边闻着打字机旁的咖啡杯飘来的香气。

然而，在对我们的真正所是的参究中，这个发现却是至关重要的。事实上它是如此重要，以至在我们真正理解"当下"一词的时刻，所谓的自我觉悟便发生了，那是一种纯主观的观念变化。

存在着真正的当下，那就是我自己的所是。在我生命中的每一刻，打从我记事起，我始终就在当下。当下，我就是当下。只有当下、当下、当下……当下是唯一从未离我而去的，因为我就是当下。

我们能在每一刻认出的那个当下，是自我或阿特曼的显现形式。虽然这里仍然包含着某种时间要素，使得感知成为可能，但本着这种观看方式，我发现我没有受缚于时间，相反，时间是我的一种观看或思考的方式，出现在作为意识的我的内部，而非反过来。人不是一种历史现象，相反，历史是出现在人内部的一种思想方式。

我始终在当下，是感知着、知晓着的什么，由此可知，我的感知也始终在当下。因为我绝不能离开当下，所以我的感知也绝不能离开当下。如果这是真的，那么在我生命中的每一刻，被感知之物也在当下。①

换言之，以这种观看方式，我绝不能知晓所谓的过去或未来。在当下，我能知晓的是自称为"过去"或"未来"的念头，但这个念头——无论它是记忆还是期待——就在当下，否则不可能被我感知。

所以，无论我知晓什么，无论我的所知被称为过去还是未来、这里还是那里，它始终在当下，因为我自己始终在当下——这一点完全独立于我的意志或努力。

"摩耶"（maya）一词常译为幻觉，但它的字面意思是"可测量者"，换言之，摩耶指出现在时间和空间中的表象。

为什么时间和空间中的表象是幻觉？因为它们只不过是记忆的产物，记忆使我们相信：已经过去、已经消失的感知实际上是稳固的世界和真实的念头，是身体，而身体就是当下、就是我。

我们所谓的世界需要记忆才能存在。没有记忆，你没法读懂或听懂一句话，也没法拥有其他任何感知。因

---

① 似乎这里的第一种说法源于寻常的观点，而第二种说法源于澄明的观点。——杜迦南达

为整个世界由感知构成，所以没有记忆就没有世界。

从我所是的当下性（nowness），记忆投射出一个世界和一个"我"；幻觉或束缚则由这一信念——存在着一个给予我经验的稳固、独立的世界——构成，而没有看到世界只不过是记忆从我所是的意识中制造出来的东西。由于记忆本身是从我所是的意识中生出的活动，所以整件事就是意识自身的游戏，哪里都不存在一个有限的、有身体的、有思想的"我"的立足之地。作为意识的我是源头，从中，记忆、念头和感觉制造出称为"世界"的光之游戏。要么把一切都称为"我"，就像把所有波浪都称为"水"，要么别把任何东西称为"我"。

可见，从中生起称为"我""我的"和"世界"的感知的那个始终在场的我，是自我的显现形式。当我们把意识视为"我的"念头和感受从中生起的那个源头，即当我们把意识视为"我的"心意的源头时，意识也被称为"阿特曼"。当我们明白意识也是一切感知的原料（感知只不过是意识中某种频率的活动），因而是整个创造的本质，即整个创造也不过是我所是的意识时，意识也被称为"梵"——遍在的、显化的意识或宇宙意识。

然而，这还不算完。"梵""阿特曼"这样的字眼仍有"大"和"小"的概念痕迹，它们仍是念头。每一感知、每一形式，都是意识中的活动，因而都是念头。然则，我断不是某种念头！①念头生起之前，我在；念头持续期间，我是其沉默的目击者；念头（或整个醒态）消失，我在。

你难道不明白，在你宣称知晓时，你的感知必定已成过客？

可是，始终作为在场的我如何能够知晓已成过客的感知？

这是因为，我正在以完全非人格的方式目击记忆在我面前玩的（以我为原料打造的）游戏、招数。作为当下的意识，作为此时此地的意识（在醒态和梦态中，即便身心不再被当作"我"，仍有"此时此地"）的我，也是知晓着什么的。

但在深度冥想中，如果我把"此时此地"包含的念头部分去掉，就像我的古鲁②曾经说的那样，去掉"此时中的此时性，此地中的此地性"……还剩下什么？

---

① 念头对谁生起？念头对之生起的，即为我所是。——杜迦南达
② 也许是克里希那·梅农（阿特曼南达）。——杜迦南达

在真正的当下,不可能有对过去之事、不在场之事的感知。换言之,(由于感知总是对刚刚过去之事的感知,)在真正的、究竟的当下,根本不可能有感知,甚至不可能有"没有感知"的念头。

唯一剩下的是人们所称的"至上之梵"(para-brahman)——未显化,甚至无"未显化"念头或感受的意识或觉知。或者如同圣典中说的:到那时,唯一剩下的是古鲁的教导。因为真古鲁的教导是绝对实在,绝对实在是他的所是,也是他向你证明的你的所是。

在你觉悟这一点的时刻,你和古鲁成了"一",但在这种合一中,没有弟子来宣称"我们是一"。

概念之我与自由之我[1]

自我发现或自我觉悟的道路可以描述为观念的逐渐消除,也就是我们"认为自己是什么"的观念的逐渐消除。

真古鲁和追寻自我知识之人的对话,总是以这种或那种方式起始于提问者"认为自己是什么"。由于答案因人而异,教导也总是因人而异,尽管从外部看似乎并非如此。这是圣人们有时看上去自相矛盾的原因之一。实际上,圣人们并不自相矛盾,他们仅仅是在引导人从一个层面进入另一个层面。对于圣人,"你是身体"和"你不是身体"都是真实的陈述,只不过是在不同层面上的真实。这个特定的例子在薄伽梵室利·拉玛那·马

---

[1] 原载于《山径》,1981年7月。

哈希那里得到了清楚的解释，他说："对于圣人和无知之人，身体皆为自我。然而，无知之人局限于此，圣人并不局限于此。"他要告诉我们的是，无知之人以其不加批判的经验认为自己是身体，在若干年前出生，并注定要在若干年后死去。当这样一个人告诉我们他是身体时，他没有撒谎，而是深刻地确信他正在告诉我们再明显不过的事。即便如此，审视他的观点，我们也不难发现，认为自己是一些来来去去的感知（因为我们所谓的"我的身体"只不过是一系列感知，即意识中的活动，也就是我们所称的念头），这纯属胡说八道。坐着不动，观看身体，我们发现，对一个人来说，在一个特定的瞬间，存在的全部就是一种感知，即一个念头。

被感知之物具有来来去去的特征。在一天的时间里，我们感知到无数事物，换言之，意识中有无数活动。不同的活动在几秒钟的时间里（事实上要快得多）就会消失，但意识保持原样，永远乐于接受新的感知，而新的感知也会很快消失……

感知消失之后留下的意识类似于空间，在其中，身体、房子、树、云朵和其他许多事物出现又消失，而不影响空间本身。即使有了无数的房子、树和云朵，空间依然在，可以接受新的感知，接受更多被感知到的念头。室利·拉玛那·马哈希喜欢用类似的例子——电影院里的银幕。房子烧毁、炸弹爆炸、子弹飞过，但无论电影有多么暴力，当电影结束，银幕上没有子弹、炸弹或大火的任何痕迹。银幕丝毫没有受到投射在它上面的电影中的事件的影响。禅师常用镜子的寓言：想象你手持一面镜子，将它的反射面对准"世界"。出现在你眼前的任何客体也出现在镜中，差别在于，镜子不会保留任何一个镜像，也不会试图那样做，而人们则在记忆中保留那些形象——至少他们是这样认为的。

然而，意识本身就像镜子，不会留下一丝痕迹。记忆来来去去，当时候到了，醒态离我们而去，记忆也会离我们而去。在梦态，我们可能拥有不同的记忆，并确确实实记得从未发生过的事——甚至在梦境中也从未发生过的事。在深眠中，没有醒态，没有清醒的"我"，也没有梦态，没有做梦者，甚至没有正在酣睡的"我"。然而，不知怎的，甚至在深眠中，我也知道我在。整个夜里，存在没有消失，尽管记忆无法告诉我任何有关深眠的事。念头、感受、感知、记忆会消失，简而言之，所有表象会消失，但存在不会消失。

当醒态出现，这位名叫"记忆先生"的非凡戏法师马上跳出来，并且马上制造了一个有着过去和未来的世界。其方法是制造当下的念头，并让这些念头告诉我们它们事实上是过去或未来。

这一切，即整个时间-空间-因果关系，由记忆制造出来，因而是概念性的。换言之，整个醒态或梦态，是一个概念、一个观念世界、一场秀，由宇宙第一戏法师"记忆先生"以我所是的意识这种原料制造出来。

束缚就是对这场秀的真实性抱有信念，相信它是某种独立于意识的东西。解脱就是突然发现如下事实：整个醒态，包括将自己视为行动者和享受者的那个清醒着的"我"，只不过是一种精神表象。因而，实际上我不是作为醒态的一部分的那个"我"，相反，包括那个"我"在内的整个醒态是一种暂时的状态，和梦一样是精神性的，整个醒态就是一场精神秀、一种能量活动，叠置在我上面，并出现在我内部，而我是在秀结束之后依然存在的意识——当然，在这场秀于"早晨六点半"开始之前，作为意识的我也存在着。

在"早晨六点半"之前，即在时间出现之前，我看上去是怎样的？

我是意识，各种形式呈现其中，但意识本身没有形式，就像空间可以呈现为一个陶罐或我们感知到的世界，但空间本身没有任何形式、形状、颜色、气味、味道、硬度、温度。

就像空间不受它内部发生之事或没有发生之事的影响，同样，意识不以任何方式受到名叫"世界"、别名"醒态"的精神秀之呈现（或缺席）的影响。

就像"早晨六点半"各种形式出现之前，无形式的意识存在着，同样，"夜里十二点"各种形式消失之后，意识存在着。念头出现之前，我作为原料存在着，念头从中出现并融入。念头消失之后，我作为原料存在着，从中，新的念头（或感受、感官知觉）自发出现。就像空间不会在陶罐破碎或移走后消失，同样，意识不会在感知结束后消失，也不会在醒态或梦态结束后离我们而去。意识不受时间影响地存在着，使得时间和空间在"明天早晨"再度从意识中出现。

我在以前说过，我们的所是是突然被发现的。但在这本杂志（即《瑜伽与吠檀多》）于1980年发行的两期中，亚瑟·米勒（Arthur Millar）争论说，觉悟并非突然出现，在你成熟到足以觉悟之前，你需要做很多工作（这是我记忆中的内容,假如他没有这样说,责任在我)。

谁才是对的?

只要"我"认为自己是个可怜又脆弱的渺小之人,正在寻求解脱,"我"就有很多工作要做,而"我"正在寻求的洞见就不可能从天而降。

寻求着的"我"是一个概念、一个想法、一个脑袋里的形象,而一个形象绝不能得到自由或解脱。一个形象是一个事物,就像椅子或陶罐一样,不可能有束缚或解脱。①

换种说法,此种信念——"我是一个正在寻求自由、平静或快乐的人",本身即为障碍。我的古鲁曾经反复告诫:"你在寻求的是私我的自由,而不是因摆脱私我而来的自由。"

明白他的意思真的"需要做很多工作",如果你喜欢这样说的话。你很有可能不得不利用很多话语,去揭开那些我们已经学会相信的话语制造出来的幻觉。就像室利·尼萨格达塔·马哈拉吉说的:"你必须质疑和不

---

① 这是同一个悖论。阿特曼永远自由,个体灵魂(jivatman)无法解脱,因为"解脱的个体灵魂"是个矛盾的说法。要注意,个体灵魂不可能像我们通常期待的那样变成阿特曼。——杜迦南达

信的,恰恰是最显而易见之事,比如,我真是个人吗?我真的出生在某个时间和地点吗?"

深入探究自身,我们会发现,这是个谎言的世界。不是我在某时某地出生,真相是,时空、名色在我内部出现。不是我生活在一个世界上、一个社会中,而是我们所谓的世界和社会乃是出现在我内部的一系列感知。人人都是每一感知中的光、意识、知晓、在场,因而也是我们称之为世界的整体形象中的光。

只要我们感到自己是个人,即概念,我们就创造了一个概念的世界,而且,我们从自己所在的层面去理解圣典。

室利·尼萨格达塔曾说:"你到处收集话语,然后组织一场话语之间的战斗。"就像这样:我是某人,出生在某年某地;我在一定程度上是好人,但通常是坏人;我想要作为这个(被投射出来的)人活下去,并且活得比现在快乐一点;所以我要过一种灵性生活,那将使我成为一个快乐的人,就像某个圣人或圣徒那样。

于是,战斗真的开始了,因为我心里的好人和坏人在打仗,诸如此类。在这个恶性循环中,没有出路。善的意志绝不会赢,因为有太多的恶;恶的意志也绝不会

我真正想要什么？
——智慧瑜伽答问

赢，因为有太多的善。为什么会这样呢？

因为我把自己当成了个人，一个夹在天堂和地狱、束缚和拯救——不同的概念——中间的生命体。

如果我们真的一次次地轮回，直到破解生命之谜，那么，我们关于要做什么的任何谈论都只是轻描淡写。只要我们在为我们所不是的"我"寻求快乐，工作就将一年接着一年、一世接着一世地继续下去，因为没有自由的私我或快乐的私我这回事。①我执，乃至寻求拯救或想要服务众生的那种最神圣的我执，也是在为一个来来去去的客体寻求快乐。果能如此，我也可以为一辆自行车寻求解脱或快乐喽。

心理学这种20世纪的宗教受缚于同样的迷信，即我们是个人，是被观察、被感知之物，并尝试优化这被感知之物。这没什么好指摘的，心理学很有可能成功消除许多痛苦，但最终，它会把"我"交给原来的迷信——我即私我，而这种信念恰恰是所有痛苦的源头。修理人就像修理自行车一样，是有用的，但不能予人自由。

自由始于历经多年追寻而来的顿悟：我不是私我，

---

① "个人的解脱"是个矛盾的说法，"阿特曼的束缚"也是个矛盾的说法。——杜迦南达

我没有私我。它突如其来，出人意料，因为只要作为被投射出来的个人的"我"在静坐和等待，这个"我"本身就是自由的障碍，而自由就意味着无私我。

甚至在顿悟之后，也还有工作要做，但那并不是真正的工作。

当念头返回，其中一个念头会自动说"现在，我已经明白"，甚至说"现在，我已经觉悟"。（我能想到有很多人困于此处，真的认为他们已经觉悟）。

但"无私的私我"（ego-less ego）还没有被发明出来。

用吠檀多的行话来说，有人区分了"觉悟"和"安住于绝对实在"。

借用这种用语，我们可以说，在出人意料的"觉悟"——我在一个不受时间影响的瞬间仅仅作为不可见的意识本身（它是一切感知之光）而存在——之后，旧的习惯很有可能返回，旧的概念仍会把自身呈现为事实。那时，要做的工作就是检视并揭露它们。觉悟意识的显化形式即梵之后，还要觉悟意识的未显本性，称为"至上梵"，亦称"纯意识""终极实在"等。

传统上，据说一个人没有真古鲁的引导就无法"安住于绝对实在"。无论如何，这一点似乎显而易见：无

我真正想要什么？
　　——智慧瑜伽答问

法通过形式觉悟无形者。只要还有一丝"我是一个寻求自由的人"的感受，似乎就有一扇关闭的门[①]，或一道不可逾越的深渊。

只有根据"我的"觉悟看清，没有概念可以含摄我的所是，没有想法可以含摄我的追寻，概念和想法才会耗尽。你不会再使用任何概念。像"进步""发现"这样的词属于个人领域，已经被放下。在个人之外，没有能够取得进步或发现什么的人。

于是，你开始明白，你甚至无法融入绝对实在。因为——

你就是终极实在，你绝不能融入你的真正所是。

---

① "个人"就是这扇关闭的门。——杜迦南达

醒态与叠置[1]

那些在宗教和哲学中寻找办法解决问题的人，通常从一个充斥着前见的起点出发，尽管他们没有意识到这一点。他们常常预设了甲乙丙丁，而很少预设子丑寅卯。这就是为什么很少有人找到终极解决办法。

"今天早晨，我在六点钟醒来。"

有没有人质疑过这样一个陈述？——我真的醒了吗？当时真是六点钟吗？还是七点、八点？

醒来的那个"我"在醒来之前的五分钟，又在哪里？

如果我们质疑自己的经验，那么我们一定会发现，在刚才的例子中，六点差五分时还没有"我"。只有在

---

[1] 原载于《山径》，1981年10月。

醒来之后,所谓的"我"才出现了,并说出了在六点钟醒来的话。

所以,一旦醒态出现,就有了一个"我",同样的情况也发生在梦态中。在醒态,我们注意到,有个"我"在说它是醒着的、活动的,或者套用传统术语,它是一个行动者和享受者。在醒态,有一个醒着的"我",在梦态,有一个做梦者,但在深眠态,却没有深眠者。

让我们假定一天24小时分为16个小时的醒态,6个小时的梦态和2小时的无梦深眠态。

从表面上看,这三个部分可以称为不同的状态。室利·拉玛那·马哈希、室利·商羯罗阿查亚等伟大人物在回答提问者的问题时也谈到了这三态,那是因为古鲁通常——如果不是始终——在提问者自认为所在的层面上开始讲话。但如果古鲁是真导师,那么对于他,是不存在那些状态的。

一种状态归于处在该状态中的某物。H_2O通常是液态的水,它也可以是固态的冰,或气态的水蒸气。但在这个例子中,如果没有H_2O,就不可能有那些状态。

在醒态,有一个认为自己醒着的"我"。在梦态,有一个在醒来后被称为做梦者的"我"。但仔细观察，我们发现在深眠中，没有个人。所以，在一个更深的层面上，我们发现深眠不是一种状态。印度传统上归于深眠的"因果身"实际上涉及的是醒态，因为任何类型的因果关系都依赖时间——原因先于结果，而在深眠中，我们甚至不可能找到哪怕一丝一毫的时间或其他任何感知。醒态的身体和梦态的身体都没有出现在深眠中。

然而，不知怎的，我们知道深眠中非常平静，并千方百计不让自己在睡眠时被打搅。

由于深眠中没有时间，因而我们无法记住它，更准确地说，念头、心意无法记住深眠。念头不在深眠中存在，记忆无法将深眠抓住。这就是为什么我们常常把深眠想成某种类似于黑暗洞穴的模糊形象。在白天，当心理意识暂时消失，我们称之为"断片"。换言之，我们将自己在醒态中制造的一个形象投射到了深眠这种不可知的"非状态"上（此处的"不可知"指不为念头、记忆所知）。

对心意而言，当心意本身不在时，剩下的必定为无。但在深眠中，甚至连"无"的念头或感受也没有。

然而，深眠中存在着某种意识，否则，便不可能把深眠中的人唤醒。

唯一的结论是，深眠中是有意识的，但没有"我"、没有时间、没有名色、没有条件作用。

从这种无条件的意识中，生出了梦态和醒态。今天早晨六点差五分，没有"我"，没有念头，没有感受，也没有我之思、因缘和合之我、有身之我。痛苦始于"我是这个身体"的感受出现的时刻，随之，整个虚幻的世界以光速出现，我们开始了今天的生活，仿佛今天是昨天和以往岁月的延续。我们把过去和未来投射到了自己身上，也不禁把它们投射到了自己所感知的事物上。

就这样，我们醒来。接着，我们起床，洗漱，吃早饭。

室利·拉玛那·马哈希说，"我是身体"的想法如同一根线，串起了其他幻觉，就像串念珠一样。

"我醒了"的念头便是其中的一颗念珠。

实际上，无人醒来。

所发生的是，我们称之为醒态的意识状态完全自发地出现了。此种状态的诸多产物之一便是"我"——"我"是醒态的一部分。

也许我们更容易明白这在梦中是如何发生的。（"梦态"说到底也不是一个恰当的词，我们稍后将会看到。）

什么时候，我在非洲猎狮，或与我死去的祖父聊天？在梦态出现之时。

梦开始之前，显然没有做梦者。做梦者，即梦态的"我"，只有在梦境持续期间才是存在的。当梦态消失，做梦者也就消失了。而在深眠中，无论是做梦者，还是行动者与享受者，皆不留一丝痕迹。正如八曲仙人所言："你是那唯一的纯意识，无物能在你这里留下痕迹。"

前面说过，"梦态"也不是一个恰当的词，因为不存在处于特定状态的我。实则，"我"乃是特定状态的产物。不是梦中的陶罐和平底锅在做梦，而是，陶罐和平底锅乃是梦的产物。同样，不是梦中的那些"我"在做梦，而是，那些"我"乃是由梦制造出来的客体，在梦开始之前和结束之后都不存在。所以，不是醒态的"我"在夜间做梦，而是醒态和梦态出现，制造了不同的"我"。

据说，禅师要求弟子找出他们出生之前的模样。我们可以把这个问题拉近一点，找出我们在醒态或梦态出现之前的模样。今天早晨六点差五分，我是怎样的？

就念头和记忆能够告诉我们的而言，什么也找不到，什么也没有。尽管如此，但醒态不可能从真正的无中出现。

也许关键问题在于，心意为什么倾向于说"什么也没有"？这意味着什么？如何能够说，有段时间里什么也没有？

我的古鲁举过这样一个例子：假如我让你前往森林中的某个无人之地，回来后告诉我你看到了谁，你会说什么？你会说那里没有人。

但这句话意味着什么？它意味着那里没有人，除了你之外。

这个例子只有深入地思考，才能理解。

我们说，深眠中什么也没有，而且我们对此十分确定！那么，我们是怎么知道的？

可见，深眠中有着深深的平静，这意味着我们作为深深的平静就在那里。

从那种平静中完全自发地生出了梦态和醒态。然而，甚至连梦态和醒态也不是状态，因为不存在可以"醒态"或"梦态"限定的"我"，它不像水，有固态、液态、气态之分。实则，在清醒中和梦中时不时出现的那些"我"乃是清醒和梦的产物。

可以说，这些状态叠置在我们之上，来来去去。

当它们出现，绝对者呈现出目击者的形式，毫不费力地目击所有状态。当它们消失，我们作为深深的平静继续存在，被称为"喜乐"。

无人从喜乐中醒来。"我"只是一个叠置出来的幻影，是梦的一部分。

我们是制造梦的原料。①

---

① 威廉神父，原谅我，用如此轻飘的文字转述您那不朽的明言。

灵性建议[1]

我们完全可以说，一旦专注于一个明白无误的事实，即我们始终是"当下"（NOW），自我觉悟（指理解你本质上是什么）会立刻发生，根本无须费力。"当下"是我们生活中唯一真实不虚的东西，人人都能自己领会这一点。我们始终在当下——一个月前在当下，一年前在当下，现在在当下，将来也在当下。尽管有时间和空间，但我在此时此地。我们不需要做什么来明白这一点。在你生命中的任何时刻，你都能毫不费力地证实

---

[1] 原载于《山径》，1992年。作者沃尔特·齐尔于1985年仙逝，生前是《山径》的长期撰稿人。本文中收录的灵性建议是他在1983年的一次谈话中给出的，最初发表在他编辑的杂志《瑜伽与吠檀多》（1985年第9期，第16—24页）上。本文由Else Van Den Muyzenberg从荷兰语译出并加以改编。

这一点，而不需要成为大学教授才能领会这一点。这种简单的认识就是自我觉悟之精髓。获得这种认识之后，你就开始自己走向觉悟。

我们所能谈论的，全都是过去。过去不仅仅是基于记忆的念头，我们说出口的每一个词都成了过去。只需一个入口，比如对当下的记忆，就足以跌入过去。要记住："我不是拥有过去的某人，我在当下，我从未离开当下，我无法逃脱当下。在时空中，我在此时此地。"既然我们在追寻自由，究竟是什么束缚着我们？只有一物束缚着我们，那就是过去。既然过去并不存在，那就不要被过去束缚！

* * *

这样思考没什么问题。一旦你所是的永恒的存在意识和你感知到的某物（比如身体）之间产生了联结，麻烦就开始了。由此，意识说"我是一具身体""我是一个思考者"或"我是一个拥有过去的人"。换言之，当意识将自身认同于一个概念，便有了"个人"及随之而来的全部问题。真相是，无人有过任何念头。为什么？因为这具身体中有一个产生念头的思考者的想法只是条件反射。如果你看清楚，就会发现根本没有思考者。仔细的观察显示，能说得准的事情只此一桩：念头出现在意识中，被感知数秒，然后消失。唯有意识留存。不存在思考那些念头的"我"，因为那个"我"只是又一个念头，而一个念头不会思考另一个念头。这就是为什么"我思"这个表述并不恰当。念头出现，仅此而已。

* * *

当你放松地坐着，尝试找出"我"，就会发现它不存在。你可能感到胃部有一种饥饿感，但没有"我"说："给我吃点面包吧！"

言语、言语、言语，我们被教导要相信言语。我们表面上的束缚或限制就是这么来的。在无量的意识中，心意投射出离散的划分，形成可计量者（摩耶）。当我将自身看作一种可计量之物、一种受缚于时空之物、一个有生有灭的客体，可计量者就成了幻觉。

* * *

在时空中，没有真正的寂静，但我们都知晓内在的寂静。寂静是特定感知的缺席，寂静是我们本来的家园。而世界仅仅是你自己的立场之延伸。所以，如果你立足于你所是的寂静，喧嚣就会消失。

直接理解，而不是从理智上理解感知或觉知是什么的人，已经觉悟（"觉悟"是个有点荒谬的词）。实际上，没有觉悟者这回事。所谓觉悟仅仅是一个位置，在那里，"我是某人"的想法已经消失；在那里，没有谁在负责，也没有对于种种客体的认同。所以，如果你觉悟了，那么你不是像某些人说的那样——自由了，而是你即为自由本身。你不是空中的飞鸟，而是天空本身。

为了"收回"自由这种与生俱来的权利，一方面，你必须留心自己是什么，尤其要留心当下、在场、有知者的感觉。另一方面，你必须留心你认为自己所是的各种事物，它们实际上仅仅是短暂的、偶然的感知。许许多多感知生起，它们持续不过几秒钟。由于迷惑，我们学会了给予"我之形象"（I-images）几十年的寿命，但那些形象仅仅持续两三秒。

* * *

抗拒的产生只是因为，你长年累月地把自己当成了一个会在某些地方被伤害的人。对于任何特定之人，你都可以列出一个与之相配的长长的清单。假如我认为"我是一个体面的绅士"，我就有了一个我所认定的形象，它使我无法接受自己的其他形象。当我明白"做个体面的绅士"就像其他任何观念一样荒谬，或者当我明白自己不能被一个观念框住时，我就释怀了。

假如有人对你吼叫，那只是一阵风，被附上了一种特定的音色，并不代表什么。所以，只有当我仍然想象自己是个人时，我才会害怕。如果"我"不存在，哪还有谁在害怕？一旦看清这一点，就不可能有任何心理恐惧。

* * *

所有问题都只是表面上的问题。所有问题都起因于一个设定：你是某种你所不是的东西。换言之，所有问题源于相信某些"我"的形象，相信过去的真实性，而事实上，你始终在当下。因为你在当下，所以感知者在当下，被感知者也在当下，你无法感知不在当下之物。然而，我却把当下生起的某些念头称为"过去"。又是摩耶。我们绝不能经验过去之物，那不在我们的经验中。我们的经验始终在当下，这是你该有的发现之一。为了身在当下，你需要做出什么努力呢？无论你做什么，你都在当下；你不需要做出任何努力来抵达当下。我们的表面束缚归因于一个信念：我们是过去的产物。睁开眼睛看看吧，你已然身在当下。如果你睁开眼睛，你就会看到这是个明白无误的事实。留心观看自己，你就明白，每一天、每一小时、每一分、每一秒，你始终毫不费力地身在当下，你不需要也不能为此做点什么。时空消失的当下，即此时此地，乃是你的真实本性。这不需要任何努力。

这种认识是如此简单，甚至连一个五岁孩童也能拥有。有了这种认识，还有一些工作要做。我们需要仔细审查一个错误的信念："我不在此时此地，而是一个产物，出自……"。要看透这个错误的信念，它纯属胡说八道。

* * *

我是正在感知的有知的存在者，在我内部，感知生起，念头出现。我是知者，我知晓这些念头，但这些流逝的念头并不知晓我。它们无法说出任何关于我的事，因为有限者无法说出任何关于无限者的事。别再相信言语！当我说"桌子"时，我知道它意味着什么，但就我自身而言，没有一个语词或念头能够表达我真正是什么。我们要花很长时间才能摆脱如下信念：念头能够描述实相。该信念是一种根深蒂固的习惯，在我们内部自动运作。

* * *

俗话说，有多少人，就有多少条路。但实际上，没有路这种东西，因为我和我自身之间绝不可能存在距离。路的形象相当危险，可我们又很难不用。你绝不可能走近自身，因为你和你自身之间不存在距离。你把自身当成了各种错误的观念，你唯一能做的是，把那些观念统统去掉。仅此而已。

* * *

这些谈话的"技巧"基于一个事实：你站在提问者认为自己所在的位置上，比如"我是一位来自阿姆斯特丹的绅士"。从那个位置，你被引领至清明的意识本身，它是无形的。接着，意识本身会向你表明，当它空无形式时，它依旧保持原样。那就是绝对者，空无形式的意识即为绝对者。

* * *

许多世纪以来，佛教徒一直在谈论"空"。"空"意味着意识本身。在空中，没有形式，这就是为什么人们用没有客体的空间这一形象来指代它。但不要被"空"一词误导，比如认为它是绝对的无。我宁愿把它说成绝对的满，因为一切自空中生起。但空既无名字也无形式，事实上它不可思议。只要诉诸观念，我们就不能理解空。当那些观念消失，真正的理解才会生起。那并不意味着我们理解了什么，而只意味着我们就是空。

＊＊＊

我们很容易相信，在醒态存在一个醒着的"我"，尽管有时我们会想起这是个错误的观念。我们同样很容易相信，在梦态存在一个正在做梦或一直做梦的"我"。但在无梦的深眠中，你绝不能找到一个正在沉睡的"我"。无梦的深眠仅仅是某种令人愉悦的东西——可你怎么知道？这是个重要的问题，其答案为我们提供了正确理解的钥匙。"我"或心意告诉你深眠是令人愉悦的，但心意怎么知道？心意不在深眠中起作用。你可以诉诸感官，但感官也不在深眠中起作用。没有什么可见、可想象或有形的东西能够证实深眠之愉悦。可你知道深眠之愉悦，这就是钥匙。心意在对深眠的知识中根本不起作用。实际上，我们所称的无梦的深眠或绝对者始终在此时此地。在深眠中，你是绝对者，是永恒本身。绝对者是如此切近，它比其他任何事物都要近。在深眠中，世界消失了，而我们仍是我们的所是——绝对者。在醒态，心意返回，说"是的，就是那样！"

＊＊＊

自亚当和夏娃直到现在，"我是"对每一个人、

我真正想要什么？
——智慧瑜伽答问

在每一个地方始终是永恒的真理。但记忆无法这样告诉你。你可能记得"我是"这个字眼；当你从一个更深的层面去看，你会记起你在当下，你可以看到，在当下，一个你称之为"回忆"的念头产生了，它告诉你"他在上午十点一刻说过同样的话"。你用当下制造出了过去。记忆不是一条长长的绳子，你用它将久远的东西拉过来。记忆是在当下出现的一个特定的形象，而心意将这个形象界定为"过去"。

这里的关键问题是："我是谁？"你出生后得到的姓名代表某种持续终生的东西，只有这一样东西是永久的，但它不是身体。我们称之为"身体"的东西是一些时不时出现的感知，记忆也是如此。记忆投射出一个形象，并假装有过去和未来这回事。这挺好，没什么可反对的，但这是摩耶——可计量者。我不反对世界，但我知道我不是世界的一部分。我知道这个世界是借助马赛克式的东西投射出来的。记忆使人认为此时不是此时，此地不是此地。记忆投射出整个非真的世界。

* * *

不可能谈论你的所是。没有概念能够涵盖你的所是。如果我是一个概念，那么我早已被扼杀在摇篮里，因为一个概念只能持续几秒钟。

* * *

当你明白你不是别人告诉你的那些故事中的任何一个——这种认识是如此强大,你就会不断地重提它,无论你喜欢与否。到那时,你有可能在自己的路上设置的最大障碍就是:把绝对者当成一个概念。你要做的就是,在最深的层面上留心我反复讨论的那些问题。你要反复留心如下事实:身体无非是一系列偶然出现的感知。无论我是否愿意,我始终在当下[①],做任何事都不能脱离当下。

醒态意味着受缚于时空的意识,在其中,能量或原质舞动着。醒态是带有形式的意识,这些形式亦完全由意识构成。在此时此地的意识中,我看到的实际上只有我自身,它被投射为那些我们称之为"感知"的活动。重要的是明白作为意识的我始终不变。明白了这一点,就会很快明白世上没有什么能够束缚我,因为这个世界只不过是感知——感知依赖我,而不是我依赖感知。假如作为意识的我在早上七点不存在,感知也不可能出现。

---

① "当下"本身是一个概念,由"昨天""明天"和"时间"的概念生出。——杜迦南达

所有感知统称"世界",而理解这些感知之本质的一大障碍在于我们给予触觉的权威性。因而,在修习中,这一点很重要:你要时不时坐下来,看清身体确确实实就是一系列感知。我们的所知就是我们的感知。对于我们,现实就是感知的总和,我们将各种不存在的事物投射到了现实中。我们甚至假装感知在没有被感知时也是存在的,比如,人们常常对我说:"当我睡着时,别人也看见了我。"也就是说,人们为自己推论出了一种存在,那不是基于直接经验,而是基于别人告诉他们,他们是存在的。产生这样的观念是因为,我们认为世界给予我们感知或让我们能够感知,并且我们感知世界。然而,我们不是感知世界,而是感知感知,仅此而已。当我睡着时,你看见的这具睡着的身体不是某种我所是的东西,它是你的醒态的一部分,而不是我的。在那时,我根本没有任何感知。醒态周期性地出现,梦态也是如此,但在绝对者中,没有任何交替,没有主客关系,没有时间,没有过去,也没有未来。

* * *

在你内部,有什么东西无需言语就能知晓。虽然言语可以指向它,但如果你执着于言语,你就无法理解它。为了超越言语,为了经验言语的所指,你必须让心意静止一会儿,仅仅观看空无念头处。那很容易做到,为什么?因为你就是"那"。

我无法谈论深眠态,而只能说,它十分愉悦,但这不是对它的描述。无限制者无法用有限之物来描述,而心意不过是种种限制而已。

我们知晓实相,因为我们就是实相。在究竟的层面上,"知晓"和"成为"是一回事。通常,当我们说"知晓"时,我们的意思是知晓某物。但在实相中生起的知晓不是那种知识,因为在实相中,不存在知者,也不存在任何外在于知者的东西有待知晓。

深沉的寂静[1]

当你不再认同于身体、思想和情感,当你已然理解世界只不过是一种思维方式,念头只不过是意识本身[2],你就实现了解脱或觉悟。当你真正明白念头无法理解任何事物(因为念头只不过是一个客体),当你开始经验到没有人格这回事,深沉的寂静就会降临,此间,所有念头消融,世界随之消融。

凡是在合格导师的指导下走到这一步的人,无须再做什么。起初,寂静可能被念头的缺席所染着,就像多年来一直挂在墙上的画被拿走了——你看见的是什么?

---

[1] 本文选自沃尔特·齐尔的《智慧瑜伽——吠檀多不二论》(*Jnana Yoga-Advatia Vedanta*),经uitgeverij de Driehoek授权出版。

[2] 齐尔说,世界是一个念头,而念头实际上是意识。——杜迦南达

你起初看见的不是墙壁,而是画的缺失。

这就是寂静状态的样子。原先,你被各种念头妨碍了,即被你是思考者的感觉妨碍了,这种感觉逐渐模糊,然后,念头和感觉消失了,现在,你注意到了它们的缺席。你的关注重点还不在寂静上,而在其他事物的缺席上。但目前,你只需等待,只需让自己对未知者(the Unknown)敞开。

渐渐地,大和谐的征兆开始出现。一种深沉的平静、温暖的感觉,即一种什么都好的感觉,从心中生起。这种起起落落的感觉不是绝对者,不是未知者,而是一种显现,就像地平线上出现的头几缕曙光。

此时,你必须找到正确的态度;你仍有对"我在"(I-ness)或人格的模糊感觉,必须让它消融在这种温暖的感觉中。虽然你无需太多的顺从(那听上去还是太主动了),但你必须让顺从充满你的心;你必须用这种温暖的感觉取代残留下来的一丝人格,此为"无欲之欲"。

最重要的是,一定不能让人格或无意识的习惯迫不及待地想现在就达成目标。只要仍有"现在"的概念,你就仍然处于时间的罗网中,因而也处于精神的罗网中,而觉悟不可能发生在精神的罗网中——这一点你必须一直不忘。所以，你只需让这种温暖的感觉吞没最后一丝人格，仿佛你在宁静的傍晚用一声微不可察的叹息吹走一根鸿毛。

这时，彻底的"空"降临。现存的伟大灵性传统对于这种空有着诸多论说和记载——有时是以一种诗性的方式，有时则是以一种几近临床-哲学的方式。这是一个被人们反复言说的话题。

老子说："埏埴以为器，当其无，有器之用。"一个已经装满的陶器无法用来装别的东西，同样，当思想和情感装满了别的东西，就无法用来装未知者。所以，你必须留心始终保持空。

起初，这只能发生在短暂的间歇（间歇中不存在时间，你无法说出它的长短），但缓慢而肯定地，空在我们内部安住，甚至在我们忙于日常事务时也是如此。我们不再抱着各种想法处理问题，不再信任自己的知识、记忆或经验，而是空空地接近问题，剩下的一切会自动发生。刚开始，我们相当吃惊的是，似乎整个世界是自己管自己的；对的观点在对的时刻出现，虽然我们不知道观点从哪里来，但我们不再为此操心。行动实际上毫不费力地发生，由于不再有执行行动的个人，因而禅师说行动是自己完成的。

你无法安排这种伟大的经验,而只能使它成为可能;一旦它成为可能,它便会自动来临。让·克莱因(Jean Klein)说:"它就像一份恩典的礼物,将你填满"。

从这一刻起,你就是伟大的觉悟经验本身。思想和情感的眼镜——我们以此限制自己的观看——在这一刻被摘下。深眠,即思想和情感的每一次交替间歇,现在成了一个整体,而念头现在可以说是该整体之本质的一种延伸,就像波浪在某种意义上是海洋的延伸。没有语词能对这种状况做出相近的描述,事实上,甚至连"状况"这个词也是荒谬的。

我们能说的是,这种经验令人得到永久的满足,它充满了无限的爱,这种爱现在以刚刚达成的与古鲁的合一为标志。"甚至在觉悟真我之后也能留下的唯一的东西,是古鲁的教导。"为什么?因为这种经验,即与古鲁的合一,就是古鲁的教导。古鲁即为"一"本身。弟子以思想和情感为古鲁制造了身体和心意,但按古鲁自己的观点,他不是个人,没有身体,不思考,也不说话。他不是古鲁,而只是永恒、无限的"一"或"不二":"我不是身体,我没有身体,我不是心意,我没

有心意。我不是行动者,我不是享受者。我是不死的纯意识。"(室利·克里希那·梅农)

当弟子被这种经验"征服",他的最后一丝残留的人格也被古鲁的教导消融了,古鲁就是这种经验和爱本身。在这一刻,弟子与古鲁的合一达成,全部的爱得到了实现。没有什么关系可以媲美古鲁与弟子的关系,就连母亲对孩子的爱也不可能像古鲁对弟子的爱一样伟大。

你能在你的道路上获得的最动人的经验之一,是突然看见(仿佛借助了古鲁的眼睛)自己真正是谁。你突然明白,古鲁一直把你看作光明本身、爱本身和至善,而不是你自己想象中的那个无知无能的形象——一个软弱、愚痴、不值一提的人。古鲁不是基于他的人格来看你,因为"他的人格"仅仅存在于你的想象中。古鲁立足于他始终所是的爱的本身来看你(姑且这么说)。

没有人觉悟真我而不流泪,不是因为觉悟的道路很痛苦,而是因为古鲁的爱。古鲁在你内部唤醒了同样的爱,它是如此不可思议,让你感到受之有愧。"它就像一份恩典的礼物,将你填满",就是这样!

我的一个同修曾经问古鲁:"我如何才能配得上

你?"古鲁答道:"用你的死。"①当然,不是身体之死,而是私我、人格之死。思想和情感绝不能理解无限者,因此,它们必须消失,人格和我之感必须死掉,消融在空中生起的和谐的寂静中。

---

① 此处的"古鲁"指阿特曼南达(即克里希那·梅农)。——杜迦南达

我真正想要什么？[1]

阅读古代经典，我们反复读到，人类的伟大领袖们关注生活的基本面，而于生活的细枝末节则不甚挂心。我也认为，如果我们想要过上快乐的生活，就必须不断回到基本问题，并习惯于自我追问——不是追问我想要什么，而是追问我真正想要什么。留心当下正在发生什么，胜过迷失于种种复杂的理论。

如果我们想要变得快乐，就必须再三留心当下正在发生什么——我们身在某处的当下、回家后的当下、工

---

[1] 本文基于沃尔特·齐尔于1973年4月25日的一场谈话。杜迦南达认为，在本文中，齐尔阐发了如下观点：真我是爱。在别处，齐尔充分地解释过"真我是知识"。齐尔没有教导我们去爱人（以及爱更多的人），而是想让我们明白我们就是爱。齐尔没有教导我们去认识事物（以及认识更多的事物），而是想让我们明白我们就是知识。

作时的当下、度假时的当下等等。如果我们密切关注，就会浮现出一幅越来越清晰的图像，它描述了我们在自己周围建造的"监狱"之规模。某件让我们愉悦的事情发生，我们便立刻朝那个方向奔去，投入巨大的能量获取让我们愉悦之物。某件让我们不悦的事情发生，或者出现了那样的征兆，我们便生起抗拒，立刻用全部的能量放大原本的非人格化反应，使之成为"我"害怕、"我"愤怒等等。就这样，我们成了我们过去植入的各种反应的奴隶、仆人、提线木偶。我们被锁在了过去，而只要我们继续喂养这些反应，我们就继续不快乐。

总的来说，我们拒绝看到这一点。如果我们不快乐，那是父母的错、伴侣的错、孩子的错、老板的错，而不是我们的错，我们怀有的是善意。我们完全忽略了一个事实：让我们受伤的正是我们自己。这种忽略是因为我们把能量耗费在了身体反应和心理自动作用上，它们在很久以前，也许在我们幼年时，起到过这种或那种良好的作用，但现在，它们就像孩提时的旧衣服，不再适合我们。

我真正想要什么？

也许我会活到70岁、80岁或90岁，到那时，回首往事，我能说些什么？我浪费了自己的生命，在恐惧、抱怨和追逐实际上并不重要的东西中度过了一生。最近，我读了一本书，讲的是美国开发的一种新的疗法，书中有个接受了这种疗法的人说："神经症就是尽你所能地死死抓住某种你真的不想要的东西不放。"我们为了实际上不想要的东西——我执、人格——而斗争，有时斗得头破血流，这是我们生活中的一个重要部分。

我真正想要什么？

我真正想要的是快乐，我真正想要的是爱，我真正想要的始终是回到这样一种已知的状态：我是温暖本身，各种限制消失不见，世界是个生活的好地方。但我们已经改变，回到了旧的我执。当我们为了爱而放下一切，世界是个天堂。但我们已经出于习惯回到囚笼、回到监狱、回到德国人所称的"绝对命令"：你必须这样，你不可以那样。我们已经回到"我想要这个，不想要那个"。但一次只能做一件事，我们不可能既是爱又是私我，而必须做出选择。自私的爱就像干的水、方的圆，不可能存在。

我真正想要什么？

我真正想要的是自由本身。自由不是摆脱依附，自由是毫无限制。当有了爱,当我放下了一切,当一切消融于那唯一的经验本身,就有了自由。为什么我不留在那里?为什么我再次回到了我的恐惧、我对处境的执着、作为个体的我、我的银行账户、我的工作、我的这个或那个?只有一个可能的答案:因为我疯狂。我们必须清清楚楚地意识到我们的疯狂。我们必须清清楚楚地意识到,只要我们在以一种明知百分之百会失败的方式寻找快乐,我们就是疯狂的。我们必须清清楚楚地意识到,如果我们试图在囚笼中找到自由,我们就是疯狂的。[1]疯狂并不太糟糕,但保持疯狂就是愚蠢。这种疯狂产生于我们被养大的方式,它告诉我们:你是这,你是"那",你是无数的事物。而这样告诉我们的人明明知道自己是"一"。他们的目光同样远离他们自身,他们看的是监狱的栏杆、安全的假象。他们忽略自身,死死抓住各种虚假的"我"不放。这种我们从小就过的生活常常由职责组成,而职责不能代替爱。我们满眼都是责任:上帝要求履行一大堆责任,祖国要求履行一大堆责任,还有更多的责任——对学校的责任、对家庭的责

---

[1] "人努力为自己制造束缚,并死死地抓住它——想要自由却不肯放弃束缚本身。"(出自 *Notes of Atmananda*)——杜迦南达

任、对邻居的责任等等。这是一个慢性死亡的好办法。有人会说:"你说得对,你总不能一直抄着手坐在椅子上吧。"我倒不会,可如果你还这么生活,这椅子就是你的归宿!如果你还这么生活,这椅子上的生活就将是你为你的孩子们一手打造的生活。因为没有爱的生活足以致残。

被好好养大的孩子,即常常被带往内心最深处的温暖中的孩子,发现在他们的存在之根基处,有着唯一的、真正的、绝不能被夺走的安全;他们乐意走出"监狱",卸下防备。于是,他们获得自在。快乐之人不会懒惰地抄着手坐在椅子上,而是充满能量,愉快地工作,愉快地享受他人的陪伴,闪闪发光。

爱与快乐是离心的、发散的属性;恐惧、自私、贪婪、防御、执着则是向心的属性,它们是我们内在的束缚之源头。只有当我们乐意以某种方式卸下防备(无论我们是怎么做到的,借助的是哲学还是心灵),内在的束缚才会消失。于是,向心的属性——束缚和挂碍——变成了离心的属性,我们感到自己不再笨重,而是变成了光。"他在街上快乐地跳舞",这样的句子出现在很多书本中。他跳舞,他是光。但为了每天都能享受这种快乐（我们的所有活动都是为了它），我们用尽了办法却让这种快乐变得不可能——这一点就像昼夜交替那样确定无疑。我执显然让我们永远错失目标。但为了明白这一点，你不得不学会看清。

也许你和自己的丈夫或妻子发生过激烈的争吵，而你们两个都是对的，这是争吵中常见的情况；或者，也许你们两个都是错的，但你是强势的一方，压倒了对方，自我感觉良好。当争吵结束，你觉得自己像个恶棍，这时你知道，如果你看向内心深处，就会发现胜利是空洞的。如果你原原本本地向人诉说实情，这时，你会感到挫败，你内心最美好的部分包裹着一层硬壳。换言之，这时，你背叛了你内心最深的部分。这只是众多例子中的一个，人人都能在自己的生活中体会。如果我们一次又一次地用能量喂养冲突，如果我们紧紧抓住外物、提出要求，我们就在自己和他人之间筑起了一道高墙。凡是重新深刻地经验到无限温暖（我们称之为"爱"）的人，都知道不可能有任何高墙。爱的经验（也可以说成"状态"）在所有高墙消失的时刻显现出来。一个人能够去爱的强度取决于其高墙的厚度——墙越厚，防御越强，爱就越少。如果我们真的看透并自问"我真正想要什么"，那么我认为我们内心深处唯一的渴望就是：毫无保留

我真正想要什么？
　　——智慧瑜伽答问

地给出我们拥有的全部。只有给出全部——我拥有的全部和我所是的全部，快乐才是圆满的。

　　《新约》中有个经典比喻：种子如果不死，就不会结出果实。①如果我真正诚实地看进内心深处，就知道我想要的是"死亡"——给出我所是的全部。在给予中，甚至会发现更多可给予的，于是你说：把那也带走吧，我连那也不要了。这的确是一种死亡。爱是一种自杀，而不仅仅是一种表面现象。像蝴蝶一样从这朵花飞到那朵花的人很少获得爱的经验。

　　初到印度，我就见到了拉玛那·马哈希。生平第一次，我看见爱本身坐在椅子上，几乎像太阳一样闪闪发光，这毫不夸张。由于他的在场，在好几天的时间里，对于使我不能忍受的一切，我只能说：拿走吧，拿走我的一切。他的爱就像一束激光，将我穿透，与之不和谐的每一事物都显得突兀。于是，我的内心说，请把这也拿走吧。

---

①　原文为："我实实在在地告诉你们，一粒麦子不落在地里死了，仍旧是一粒；若是死了，就结出许多子粒来。爱惜自己生命的，就失丧生命；在这世上恨恶自己生命的，就要保守生命到永生。"——杜迦南达

·204·

我记得让·克莱因做过一个比喻：大多数人到古鲁那里是为了获取什么。他们以为自己是要去一家三星级餐馆，吃一顿真正美味的灵性大餐，然而，让他们吃惊的是，不是他们吃到了一顿美味大餐，而是主厨拿着一把大刀过来，切掉了他们的胃，掏空了他们的口袋，脱掉了他们的衣服，直到他们一无所有。这就是与古鲁相处的情形。究竟应该是我给予，我放下，我把一切融入了爱中；还是我正站在收银台前收款，我正在算计，我正把囚笼关着呢？你无须是个伟大的心理学家或哲学家，在我十四五岁时，我们家在战前雇的一个仅仅受过小学教育的保姆就为我解答了这个问题。你无须学习，你也无须是个老人或智者，孩童都能回答这个问题。这是选择，是选这种方式还是那种方式的问题。要么筑起高墙，要么推倒高墙——这个选择非常简单。

"你说得对，但是……"只要我们这么说，就在筑起高墙，这些话透露出恐惧。每天晚上，你都应该至少数到十，然后自问：我今天有没有减轻至少一克？有没有放下什么？有没有直面什么恐惧？有没有丢掉什么？或者我今天是否更沉重了？口袋是否更满了？有没有喂养我的反应？有没有保卫我的人格？我到底是远离了我的恐惧、要求和渴望，还是滋养了我的恐惧、要求和渴望？

我真正想要什么？

这是问题之一，它归结为如下问题：我真正是谁？我真正知道什么？

爱也许是最美的路。我没有说爱是最容易的路，我也不知道有没有最容易的路，但在如下范围内，爱是最美的路：你无须经历危机，因为如果你再度容许爱，那么你的心灵会迸发出爱，爱会渗透你的头脑、你的整个存在，接着渗透你的家庭、你的工作场所。这种爱的释放是一场庆典，它是一条以平稳的加速度通往自由的路。如果你让事物消融于你真正所是的爱中，消融于你的存在深处，第一次虽然很难，因为你尚未习惯，但第二次就要简单得多。

我真正想要什么？我想要留在囚笼里，还是想要活在蓝天下？仿佛自由太艰难、太危险，或者认为自由在社会上行不通——"邻居会怎么想？"那是不明智的。不敢正视问题仅仅是因为缺乏理解力。假如我活得仿佛不是我的真正所是，使得我绝不能成为自己，那我就是在以最可怕的方式惩罚自己。我究竟做了什么，该受那样的惩罚？当你和密友在一起，你会说：在这里我能做自己，我爱自己，我就是自己。

如果我想要做自己，那么我只能接受自己。我要接受在我心中（就像在每一个人心中）有着无数的可能性，包括善与恶、美与丑。只要不接受这一点，就不可能快乐。只要我只想看到让私我高兴的东西，而拒绝看到让私我丢脸的东西，我就不会自由。只要我们像傻瓜一样地做事，我们就在显示自己缺乏理解力。也许我们需要一些勇气，但何者需要更多的勇气——是偶尔勇敢几个小时，还是在几十年里像干重活的马一样拖拖拉拉？

《圣经》里还说，真理将使你自由。只要我们活得仿佛不是自己，而是别人，我们就戴着沉重的镣铐。只要我表现得仿佛我是一幅漂亮的画，有着这个或那个优点，我就受到了束缚。于是，我会保卫这幅画：我对不迎合这幅画的一切变得愤怒，我只接受迎合这幅画的东西。换言之，我完全依赖于我的环境，我是周围环境的提线木偶，是我过去植入自身并已扎根的各种反应的奴隶。

我真正想要什么？我认为，做别人的奴隶也是一条路，但那样的话，你必须是个完完全全的奴隶。如果你能成为一个完美的奴隶，以至于说"这个身体是你的，

我真正想要什么？
——智慧瑜伽答问

一切都是你的，我一无所有"[1]，你就达到了和身在爱中相同的境地——在爱中，你也一无所有。但做完美的奴隶并不简单，我认为走爱的路更为简单。然而，我们一定不能成为心中生起的各种感受的奴隶，一定不能被那些感受胁迫。如果我们敏锐地看，就会看到，在让私我不悦或愉悦的事情发生时，一种反应也随之生起。这种反应本身还不是一种束缚，但在它被视为"我"的时刻——"我"害怕，"我"要求、渴望或追逐某物——我们就置身囚笼中。相反，如果我们仅仅承认那是一种反应，那么我们甚至不需要心理学意义上的归因，比如，"我的这种反应归因于一个事实：小的时候，祖母把我弄倒过"。不，那是反应，而我不是一种反应。反应来来去去，而我是始终如一。所以，我不是一种反应，"我害怕"纯属谎言，"我愤怒"也纯属谎言。我是恐惧、愤怒、渴望、愉悦等反应的接收者。[2]只是因为依附、执着于"我之感"，我才变得依赖于偶然出现之物。假如我的邻居有点心机，他就能确切地知道如何与

---

[1] 这称为"dasya bhakti"，义为仆人对神的情感。——杜迦南达
[2] 齐尔的意思是，真正的我绝不可能害怕或愤怒，真正的我仅仅是害怕或愤怒的接收者。——杜迦南达

我搭讪来引出我的特定反应,从而随心所欲地对待我。可见,我们喊的各种口号(比如支持或反对越南)不是因为我们真正知道自己在做什么,而是因为我们已被操纵,或者可被操纵,原因在于我们害怕。

只要我们害怕,社会就能按照它想要的样子对待我们,环境就能按照它喜欢的样子对待我们。所以,我们不仅是自己的反应的傀儡,而且是环境和社会的傀儡。这显然和我们所知的自由状态相反,那是毫无限制的光明、温暖状态,使我们真正能够拥抱森林里的每一棵树。获得自由只不过是一再地放下,是明白我的安全不在于我的银行账户,也不在于我的力量或别的什么。世上没有什么是真正安全的。唯一真正安全的是最终无法从我这里拿走的东西——我自己。自由当然是因摆脱人格而来的自由。我已经说过,自由不同于目无法纪。自由不是出于一切皆有可能而去追逐你想要的任何东西——那正是我所说的囚笼。自由是独立于一切事物。此外,自由不是实现我执和人格,而是摆脱它们——我认为,每天留出片刻时间观看自己的最深处,看一看我真正是什么、真正想要什么,是绝对有必要的。因为我真正想要的就是我真正所是的。你最爱的是你的自我,还是爱本身？深入观看自我，就会发现这似乎是个不可能的选择，因为我最深的自我就是爱本身；只有在爱中，我才是自己。在生命的源头，"爱"和"自我"指向同一事物——它只活在源头，而不活在各种防御工事或对补偿的寻求中。当然，"源头"这个词说明了一切。如果我抛弃源头，转而依赖人格、形象、感受、恐惧、挫折，那么我绝不能抵达自由。有个英文习语，译为"永远还有更多"，放在这里就是说，每一次得到补偿之后，"我"便立刻开始寻求别的什么。然而，当我让自己的最深处变得温暖，当我想方设法在深处再次觉醒（通过回忆爱在场时的情形；通过看清"我"不是我所保卫的一切；通过领悟防御让高墙耸立，而不是让温暖自由流动），筑起的高墙必定开始摇晃。

印度神话中有个巨人，每当他砍下敌人的脑袋，敌人的力量就成了他的力量。最后，他变得非常强大，没人能够打败他，渐渐地，他胆敢挑战诸神。这个故事的象征含义是，每一次胜利、每一个洞见、每一回放下恐惧或贪婪，都能巩固源头，把原先用于抗拒的能量加到源头上。这样，源头不断变强，而抗拒不断变弱，直到某个时刻，整面高墙轰然倒塌。于是，我们进入人人都经验过的那种状态,并立刻宣告:是的,这就是我真正想要的。

我真正想要什么?

如果我们稍稍深入自我,答案就会彻底显明。每一次我们放弃深入自我——我们筑起高墙、伸出爪子、追逐某种补偿、赢得空洞的胜利——也许我们背叛了别人,但最糟糕的是,我们背叛了最深的真我,而真我乃是我们真正想要、真正所是的。莎士比亚在《哈姆雷特》中说:"最重要的是忠于自我,这样你就不会愧对他人,二者如同昼夜相随。"这个顺序是对的。如果我们活在爱中,如果我们在最深刻的意义上只做自己、活在源头,那么,剩下的一切自然而然是该有的样子。每一次我们背叛自我,就是把刀子插进了自己的胸膛,即使我们认为插进的是别人的胸膛。

在寻找最深的自我时,不能接受权威给予的任何东西,必须亲证一切——是真是假?这类似于吃饭,没人能替你吃。如果你学的只是理论,动用的只是智力,则完全没用,还不如学习下棋、拉小提琴或做点别的什么。单纯学习理论对你没有帮助,自己看清、自己明白的,才能给你自由,理论只是额外的包袱。

我真正想要什么？
——智慧瑜伽答问

（在谈话间歇，听众问了几个问题，其中有个问题是回应《瑜伽与吠檀多》中的一句话："因为乙出自甲，所以乙不可能异于甲。"）

齐尔：我想，你们在听我讲的过程中已经明白这句话，不是吗？

提问者：是的。

齐尔：那么幻觉呢？

幻觉是个念头！

如果你能把幻觉视为被错看了的真理，被错会了的光明，但仍是真理和光明，那么幻觉会消失。有时，人们发现恨是被扭曲了的爱："我是如此想要爱你，但不知怎的出了错，现在我恨你。"然而，这种恨实际上是被扭曲的爱——发现这一点能让恨消失，让爱回来。同样，如果你把幻觉看作光明本身，幻觉就会消失。这是《瑜伽与吠檀多》一书的内容。①

让我感到不可思议的是，一切事物终究会爱一切事物。那时，碰到的是一个人、一只动物，还是自然，就

---

① 齐尔说，因为幻觉出自真理（实相或光），所以幻觉（世界）不可能异于真理。——杜迦南达

没什么不同；再也没什么可说的。但也有些人觉得那样很烦人。

有些人认为如果你爱他们，你就是想要滥用他们。有时，孩子们被灌输了严格的性禁忌。这种女孩会认为所有男人都是禽兽，因为她们在男人和禽兽般的性行为之间建立了联结。男孩常常有着同样的畸形心理。即使一个正常的男孩爱上了一个女孩，女孩也会感到男孩想要占她便宜。如此一来，爱就被当成了某种与爱毫不相干的东西。人总是立足于自己所处的层面看待问题，而看不到真正在发生什么。借用刚才的例子，那个女孩看不到有人在爱她，她把爱理解成了兽性。所以，如果有人因为你拥有宽广的胸怀而烦恼，那么此人是有问题的！但我们对此无能为力。我们能做的就是向此人解释我们真的爱她，可是爱她并不意味着我们想要占有她、控制她或给她下套，恰恰相反，我们什么也不想要。然而，我们必须懂得爱是什么。

产生严重混乱的原因是，人们用"爱"一词意指更多的东西。我们用这个词指某些感觉，比如我们在和某个人、某种境遇或某段音乐发生关联时的温暖感：我爱舒伯特，我爱我的兄弟，我爱恋爱关系、性关系中的某人，等等。在这些例子中，我们谈论的主要是一种感觉，但爱是全然的自由，无关任何感觉。例如，在婚姻中，对伴侣的忘我的爱起初是一种感觉，但它超越自身，变成了空、变成了温暖，于是，伴侣消失了，一切消融了，唯有爱本身留存。这时，没有甲爱乙、乙爱甲，因为甲和乙已然消失，唯有无限者。这种爱带来一种洞察：这（这具身体）和那（另一具身体）都是我自己的所是之显现。在这一意义上，没有任何偏私；在这一意义上，没有谁比谁更接近你。

最终，爱是绝不会离你而去的东西，爱是"知晓"和"永恒的在场"的另一种表述。爱没有起始和结束。"爱的感觉"是通往爱本身的门户之一。所以，这一点是显而易见的：无限的爱绝不会占有或想要占有任何东西、任何人。怎么可能占有？那就像我的右手想要占有我的左手一样没有意义。在爱中，没有占有者。如果爱能够占有什么，那就是宇宙本身；要么是全体，要么是无，你可以说是任何一者，但不是一个碎片，你无法将自己分割成碎片。你是他人眼中的爱。把你带进真理、自由、爱中的古鲁是爱本身，他对你所是的爱本身说话。你原先把古鲁视为个人是因为你把自己视为个人。

你发现，如果你不再对他人的攻击做出反应，他很可能会认为你傲慢、冷漠，甚至疯狂。

他会认为你这个人已经变得冷漠，但他完全错了，冷漠是封闭、抗拒，而情况恰恰相反。然而，他是如此习惯于为了他的利益、为了他的高墙和牢笼而斗争，以至于当有人快乐，他就生气，并说那人自私。可这样说的人自己在做什么？他也在寻找快乐，只是不知如何才能找到，他误以为可以通过加固囚笼获得自由。在他发现私我绝不能快乐的时刻，他就停止了斗争，于是，他也被周围人当成了冷漠之人。我想，我们都要经历这样一个阶段，其间，别人对我们说："丢掉私我是非常自私的，你只会孤立无援。"但在某个时刻，他们定会发现，出现了某种新的东西，某种他们无法准确地指出的东西，这种东西比以前拥有的更珍贵，比以前出现的更吸引人。有时，你会看到他们开始理解。

我们害怕自由，我们被培养成了奴隶。首先是父母的培养。我们不得不成为父母认为我们必须成为的样子，他们对于一个乖孩子应有的样子抱有某种想象，而我们必须成为那样。由此，我们学会了扮演一个角色，而不是成为我们的所是。那就是日常神经症的起始，那就是我们如何长成了一层盔甲套着另一层盔甲的样子。现在,自由突然被给予我们,这把我们吓坏了,我们害怕自己不得不面对未知的彻底的孤独。

因为恐惧自由,我们必须拥有一个父亲。弗洛姆(Fromm)写过一本相当有趣的书,就叫《恐惧自由》,你可以读一读。该书主要讨论的问题是:各个国家、各个民族选择了独裁统治者。一个人想要拥有一个父亲,并根据父亲主宰的家庭来思考:父亲为你着想,为你做决定,并保护你。我们也是如此,我们不想要自由,害怕自由。我们必须意识到,我们发现自由是恐怖的。如果我们有点神经质,甚至会发现失去问题是恐怖的——没有了问题我该怎么办?在荷兰,有个关于精神病人的笑话:"我很高兴自己不喜欢菠菜,因为如果我喜欢菠菜,就不得不吃菠菜,而我不喜欢菠菜。"

这个精神病人的主要症结在于恐惧康复:假如我康复了,我就必须做各种不喜欢的事。病人不明白,如果他康复了,他会发现那些事根本没有那么糟糕,它们实际上会自行完成,它们根本不是高山,而是小土堆。我们都熟悉病人的心理,因为我们都在某种程度上存在这种心理。在有的时刻,你变得害怕康复,害怕推倒你的高墙，因为你感到躲在高墙后面是如此安全。但感到安全的是谁呢？是高墙感到安全。事实上，高墙后面没有人。反过来才是自然的，即高墙代表不安全。你为什么感到不安全？因为你筑起了高墙去对抗环境。如果你与环境融合，就不存在不安全。

让我们举个确切的例子吧。什么是恐惧？恐惧是一个机制，人们期望用它来阻止不幸。当一个小孩靠近暖气机，你会说：当心受伤！由此，你植入了一种恐惧，用来阻止小孩触摸暖气机。这是一种有益的恐惧。但现在，让我们把恐惧移植一下：我恐惧你，我恐惧某物会被夺走，我恐惧必须做什么，等等。原是用来防止不幸、防止小孩烫伤手指的恐惧，现在被当成了一服药。但这比疾病更糟糕。恐惧本身是疾病，可以变得很离谱。有人试图向我解释他的问题：他不仅害怕恐惧，而且害怕恐惧恐惧！不要试图去理解他，让我们止步于恐惧的存在。如果我一再地承认恐惧感的存在，恐惧就会消失。我们想要的是让恐惧消失，而不是培养对恐惧的恐惧。我相信，如果你今晚认真听了我的话，那么你已经完全明白我们真正想要的是什么。每一个人在内心深处都知道自己真正想要什么，那么，就让我们把全部的樊篱扔进爱的火里。爱乃是我们的所是，是我们真正想要的东西。

提问者：我认为"当下"的念头是我们最大的问题，因为我们一直把它视为一个认识者。

齐尔：是的，这一点非常重要。我们必须避免把一个"认识者"投射在思考上。你认为你的头脑中有个"思考者"，如果它消失了，你的头脑中还有一个"认识者"，但那不是真正的认识者。你不应该把人格投射在认识者上，而要试着明白，念头只不过是意识本身，因为念头没有人格味，你要把念头视为意识本身、认识本身。

提问者：真的没有进一步的问题，但仍然生活在幻中，那是怎样的？

齐尔：在我看来，那是我们常常谈到的"空"的开端。人人皆知"我是一"，这是一种不可避免的重要直觉。围绕着这个中心，从童年到老年，我被植入了各种小小的"我"——我是这，我是那，它们都是抗拒的高墙。我不是作为真正的中心（"我是我所是"）而活，而是作为短暂地投射出来的一个角色而活。有一天，我会明白，这些"我"不是真正的我，它们全都是角色，出现又消失，其中有些角色出现在醒态，还有些出现在梦态；但我不是一个出现又消失的"我",我始终是在场。

渐渐地,这些小小的"我之感"趋于消失。随后,有段时间,你几乎没有问题,没有大的困难。你活在一种等待的状态中,那是"不知之空"在彰显自身。只要还有一丝"我是一个……的人",空就不是完完全全的。但在某个时刻,我们会达到彻底的"不知":人格就像一把椅子,一无所知。

提问者:这是不是让·克莱因所说的"我不知道"的意思?

齐尔:是的,就是这样。作为人格的"我"不比这张桌子知道得更多;作为人格的"我"是认识客体,就像这张桌子一样。当空在各个方面变得完完全全的时刻,光明自显。但这样表述相当粗略。我说的完全是真的,从这一刻到下一刻,空变成了圆满。但如果我说空一点点地变成圆满,那也是真的。无知、误解、错会一点点地消失,我的恐惧也必定一天天地消失,而我则会变得愈发光明。我比以前更加敏锐,我的身体更加敏感,我不再堵塞,等等。如此这般逐渐推进,直到一切变得透明,空变得完完全全。

无为不是冷漠

问：如果开始像你说的那样去思考，难道就没有一种巨大的危险——变得冷漠（indifference）吗？

答：没有。冷漠是一种抗拒。如果我是冷漠的，那么我不需要为你费心，我完全可以说"你自己去想吧！"冷漠是一个人在自己周围砌上的墙。实际上，冷漠之人不敢真正去看。明白快乐不在外物之中的人不去追逐外物，因此，的确会出现某种"冷漠"。但这种"冷漠"会被如下事实千百倍地补偿：接近真实事物的真实源头。最终是什么鼓舞了你和我之间的关系？是爱本身。当我觉悟我就是爱本身，我没什么可从你身上索取的；我不需要你认为我有多好，也不需要刻意地爱你。爱本身就是让身体、思想和情感做该做之事的力量。事情自行运作，其运作与我所是的和谐本身相和谐。一旦发现这一点，所有的懒惰和被动都会消失。这看上去可能像是冷漠，但事实上，这种"冷漠"仅仅存在于表面，它是价值取向上的一种差异——我现在知道真正的价值在别处。我发现，我不是因为某人美丽的头发而爱她（他），而是因为她（他）内在的爱而爱她（他），这种爱事实上和我内在的爱一样，它们不是两种不同的爱。似乎多个人可以在同一种爱中显现。所以，"冷漠"仅仅存在于表面，内里则是一种深刻的自我认识。同样，"懒惰"也仅仅是表面的。懒惰属于身体，身体乃是沉重笨拙之物，是肉与骨。让我们这样说吧，如果你将身体视为"未知者"的一种扩展，那么生命就成了一场舞蹈，即使你此刻坐在椅子上，你也在跳着生命之舞。再也没有什么沉重、倦怠、笨拙，没有冷漠。但如果你依然在寻求世俗之物，而某人没有像你这么做，你自然会认为那个人冷漠。

在某些情况下，我们也有可能不太容易被某人的痛苦打动，比如当我们看到痛苦让那个人满足时，就不会被打动。不过并不总是那样，假如一场飓风刮倒了你的房子，让你失去了丈夫和孩子，那就完全是另一回事了。但人类的痛苦常常是人们自找并用来自我满足的，很少有人真的想要离苦，极少！[1]

判断标准始终是一个人如何对待痛苦：他是真的想要离苦，还是仅仅在寻求怜悯的补偿。不要迷恋怜悯，因为那只是在强化个人的痛苦。然而，真正寻求帮助的人则是另一回事，对于他们，才有慈悲，因为你站在了让他人找到自我的立场上。出于慈悲，你让他人逐渐看清他真正是谁。痛苦始终发生在个体性的层面上，当个体性消失，痛苦也就消失了。

为了受苦，我们总是需要世界。你总是因为某种东西而痛苦，因为失去某人或某物而痛苦，或者因为恐惧什么而痛苦。这里面总有你和世上某物的关联。所以，看清世界是什么——这为你提供真正离苦的可能性。我们不是依据世界的另一个碎片，而是依据实相来看清世界只不过是一种自我投射。那时，痛苦就丧失了意义，因为痛苦是一种保有个人的方式。很多人宁愿留在痛苦

---

[1] 人类的痛苦是人们自己寻求并喂养的。注意，弗洛伊德谈到过人的"生的欲望"，称之为厄洛斯（Eros）。令人惊奇的是，他也发现了人隐藏的"死的欲望"，称之为塔纳托斯（Thanatos）。在古希腊神话中，厄洛斯是爱、繁衍、激情之神，塔纳托斯则是死亡在人身上的显现。——杜迦南达

中，也不愿面对一种陌生的处境（即不愿看清世界只不过是一种自我投射）。①

问：如果那样看待生活，行动的要点何在？保持行动有何意义？

答：这个问题不会出现在实践中，也不会出现在——该怎么说呢——哲学领域。它有时出现在这样的想法中："哦，天哪，我现在该做什么？"认清主体之我意味着认清本质。是谁在行动，谁在做，谁在想？是身体在行动，身体在走路、游泳、骑车、坐着、站着；活动存在于思考和感受中。明确了这一点，看清了这一点——单单这个事实就意味着我脱离了行动，我不是那个思考者、感受者或行动者。我始终是思考、感受和行动的知者，否则我无法回想起那些事。

这里的要点不在于我是否仍将保持行动，而在于我是否认清自己从未行动过。虽然身体、感官、思想和感受是活动的，但主体之我是不动的。

印度古典文献（"圣典"）中反复出现一句话："我不是行动者，我不是享受者。"也就是说，我不是

---

① 这就是所谓的对未知的恐惧。——杜迦南达

看似行动之人，不是主动之人或被动之人。主动和被动是思考方式。

中国人常说的"无为"正好是懒惰的反面。如果你将自己认同于一具笨拙、沉重、容易疲劳的肉身，你可能会懒惰。无为是不认同于行动着的、活跃着的，因而充当客体的一切。让事情自行运作，自动成就。即使以前我们总是认为我是行动者、思考者、感受者，但现在，我们以正确的方式看到，不是主体之我在走路，而是身体在走路，不是主体的我在思考，而是念头自我显现。

在一个念头结束时，我认为"我思考了"。然而，当念头持续时，也就是当念头正在自我显现时，则完全没有"是我产生了这些念头"的想法。只在过后，借助一种被养成的自动作用，才有了如下原则：对于发生之事声称"作者"身份，尽管"作者"是不存在的。

在日常生活中，我们不认可这样的事：某人对于自己从未写过，且绝无可能写过的一本书（因为他自己就是书中的角色）主张作者身份。

私我的作用之一便是，在身体活动完成时，在思考或感受结束时，从乌有处跳出一个原则，声称我想到、感到、看到、听到、走路、游泳……但这个"我"在行动期间是完全不存在的。

当我们以正确的观点看清什么是客体、什么是主体,我们就会明白,行动、观察、思考、感受让它们自己以完全非人格化的方式被目击,仿佛云朵在天空飘过。实际上,你说"我在思考"和你看着云朵说"我在云卷云舒"一样地可笑。

所以,身体会一如既往地走路、游泳、骑车,念头会持续出现,情感会持续翻涌,或许比以往更甚,只有你不再认为你是行动者——因为你现在明白,你通过那些可笑的结合制造的那个行动着的先生或女士不是真的。存在的是"我之经验"(I-experience),因为它始终在场。但我把"我之经验"钉在了所有活动、感知,以及我在生活中扮演的所有角色上——家庭主妇、司机、教授等;我用线将"我"和所有活动、感知、角色连在一起,并说"我、我、我、我……"。

事实上,你很容易明白,你无须成为哲学家就可以知道那些连线都是错误的。那些行动和"我"之间的关系始终是:它们在我——意识本身——内部被目击。在那里,我如如不动。

我真正想要什么？
——智慧瑜伽答问

  我始终毫不费力地是知者。即使我疲惫不堪，没有力气脱衣就倒在了床上，我也毫不费力地是这种境况的知者。因此，我们无须学习什么来成为知者，我们无须获取什么来成为知者。我们仅仅需要认清：我们不可能异于知者。水不可能不湿，火不可能不热，同样，人不可能不"知"，哪怕一秒钟也不可能，正是在"知"中，事物自我显现。

  这些问题都能解决，或者说，当我们以正确的方式看待"我"，这些问题会自动解决。行动是自己达成的。我知道我不是一个主动的存在者，也不是一个被动的存在者。我是"那"，主动和被动的概念显现在其中。我是意识本身，是"知"。这于我们所有人都适用，无关乎显现形式。这就是我们所有人共同的本质。

藏在帽子里的兔子[1]

觉悟者看到什么，感受到什么？

这个问题的答案极其简单，但又是那么不可思议：觉悟者感受到一切，又什么也感受不到。为什么这个答案不可思议？因为提问者把"人格兔子"隐藏在了"觉悟者"这顶帽子里，即把觉悟者视为另一种人格，无论觉悟者是否愿意。提问者投射在觉悟者身上的人格是提问者自己的人格之延伸，而实际上，没有觉悟的个人或人格这回事。

一个人只要把自己视为一个人格，即把自己视为一种观点，他看别人（包括在他面前的"最伟大的"觉悟

---

[1] 原载于《瑜伽与吠檀多》，1976年6月。

者)都是人格。提问者看见的是一位先生(或女士),因为他把自己视为一位先生。另外,他看见的那位先生具有各种特征。有些"觉悟的先生或女士"散发出神圣性,这时,人格立刻准备好了说,这是个24K纯金的案例。但也有些被称为觉悟者的人似乎没有幽默感,易怒,或被各种东西折磨,人格便说,这样的人不可能已经觉悟……

事实上,没有判断标准。没有什么行为举止可供你推理出某人是否觉悟。有些人的行为举止就像村里的傻瓜,却被公认的觉悟者宣称为觉悟者。谁能理解一个愤怒或忧虑之人是个觉悟者呢?

在某种意义上,仅从非人格的观点来看,觉悟者才是觉悟的。觉悟者是快乐本身,但那不是人格所称的快乐。人格所称的快乐指某种深刻的情感,而觉悟者是构成情感的原料,是情感产生之处,也是情感消融之处,如同冰雪消融于水,不留一丝痕迹。觉悟者所称的快乐作为万物的背景、作为情感活动(包括愤怒、关爱等)的背景始终在场。他知道他不受制于任何心意状态,如同室利·克里希那·梅农(Sri Krishna Menon)所说的印度监狱巡官:"有时,巡官不得不巡视一个偏僻的警察局,那里没有任何旅馆,于是,他睡在牢房里,就像隔壁牢房的强盗那样。至少从表面上看,巡官和被囚禁的强盗没有区别。但如果你深究,就会发现二者有着天壤之别:囚犯不得不待在牢房里,无论他是否愿意,而巡官随时可以出去。"

外在地看,巡官的位置便是觉悟者的位置。也许觉悟者会呈现出人格的表象,有种种欲望和厌恶,但他可以随时"走出牢房"。"走出牢房"成为可能,从他如其所是地看待事情的时刻起,即从他以整个存在看到迄今被他感受为"我"的一切只是转瞬即逝的表象时起,因为这只能从人格之外,也就是从身体、感官、思想和情感的架构之外的"观察站"才能看到。"走出牢房"的人不是如今已得自由的人,而是自由本身。这就是各个古老的传统所称的"觉悟"。

问:听你说话时,我完全能从理论上明白你的话,并自认为已经理解。可是我发现,把这一切应用于日常生活却极其困难。你能给我们一种补救方法吗?在哪些情况下要做什么?

答:在去年的课上,我们反复发现,"作为一个做各种事的人"这种观念只不过是一种投射。事实上,这样的个人、这样一个活跃的人并不存在。"个人"只是想象。你的问题基于一个假设——你在生活中做了各种事，但你从未做过任何事。在一项行动、一个念头、一种情感或一种感官知觉结束时，一个"我"将自身投射出来，充当"尾巴"。在聆听的过程中，没有"我"，但在故事的结尾，一个聆听故事的"我"被制造了出来。

一个缺席的"我"如何能够聆听故事？这个"我"只不过是一种杜撰。其实没有这样的"我"，你从未在生活中做过什么事情。事情是自行完成的。你是你的身体活动的目击者，也是你所称的"你的意志"的目击者，"你的意志"可能先于你的行动。无论你是否愿意，你都是转瞬即逝的念头和感觉的目击者，而无需任何努力。最重要的是明白，你也始终是"我之念"的目击者，"我之念"被你像尾巴一样地缀在念头、情感、感知或行动的后面。"我之念"仅仅是个念头，就像有关侄儿或侄女，或者埃菲尔铁塔的念头。它是厨房架子上一排平底锅中的一个。你是"我"这口平底锅，就像你也是其他大大小小的平底锅。

所以，没有可能在日常生活中行动——确切地明白这一点是你唯一要做的事。没有人在以这种或那种方式行动。你从未做过任何事；而要自觉地成为你始终所是的自由，唯一需要发生的事就是从活动、身体、感觉、思考与情感中抽出"我"的投射。

问：所以，觉悟者把自己视为不动者，即使其他人把他视为行动者，是吗？

答：是的。更准确地说，对于你所称的"觉悟者"，这一点完全是自明的：他不是行动者。他绝没有自己可以成为一个行动者的念头。即使他说"现在我要擦皮鞋"，他也根本没有认为或感到自己是一个要做什么的人。

困难在于，你总是在自己的层面上看待遇见的人。我清楚地记得，看见拉马那·马哈希吃饭，我感到非常困惑。我确信他已经觉悟，可他也像我们一样吃饭、睡觉、走路，这怎么可能呢？我无法理解，因为那时，我把自己认同于身体和行动。①在我这里，在擦皮鞋之后（或之前），在吃饭和其他活动之后，有一个"我之感"。因此，我也在"他的"行动上看见了投射在"我的"身体上的事情。

---

① 这意味着他当时没有把自己认同为身体和行动。我们从齐尔的这句话中得知，他无意中承认了他是个解脱的灵魂。——杜迦南达

不久前，我和某人聊天，事实上我对他抱有非常温暖的情感。他突然问我："那么，你快乐吗？"我竟敢说"是"。于是，我的朋友拍着桌子喊道："不！"

这下好了……

他和许多人一样，认为快乐意味着始终保持开朗的性情。但事实上，那和快乐无关。真正的快乐是不可见的，它是自由本身，这意味着快乐不是感受的产生，而是不产生感受。正如天空不受浮云的影响，完全独立于浮云的美丑，让我们把快乐比作天空，天空始终是天空，即使丑云飘过，天空依然如故。

问：但那几乎是做不到的，难道不是吗？

答：不是"几乎"做不到，而是完全做不到。一片浮云怎么可能影响天空？那没有意义。没有人能够做到，因为想要做到的那"个人"完全是个幻觉。一个虚幻的形象绝不能做到什么。只有当被幻想出来的"我"和属于它的一切一同消失，那独立于身体、精神、行为等的"不可测量者"才会自显。快乐意味着完全确信一个事实：你不是某人，甚至连"你不是某人"的念头也不会出现。

问：也许是我对问题的表述有误，但我还是认为那难以做到。就让我们说，单单除去表面的"我"便难以做到。

答：这些说法都是一种逃避。自我觉悟无所谓难易。你无须做什么就能看见，即使你闭上眼睛，各种形象也会浮现。在这个房间里，至少有四个人已经完全看清自己是什么、不是什么。为什么他们能够做到，而你不能？因为他们已经向任何意欲浮现出来被目击的事物敞开，这种浮现有时缓慢，有时迅速。他们从来也不为难易问题而烦恼。他们自觉地让"眼睛"保持睁开，清清楚楚地看。这是唯一的可能性。

觉得这一切太难的人只是太懒，没有别的。他们不是注定会自我觉悟的人。你唯一需要具备的只是彻底的严肃性，愿意跳进深渊。那些一直倾听自己的恐惧、舒适、懒惰的人，注定在一世又一世的生命轮转中兜圈子[①]，因为他们觉得自我觉悟太难。在他们生命的末尾，最重要的事都还没做，因为他们怕麻烦。所以，他们不得不在同样的小路上一遍又一遍地跋涉，为的是在一个装满又甜又黏的灰色稀粥的巨大盘子里漂浮。

[①] 由此可见，齐尔相信灵魂再生。——杜迦南达

问：可是，看到那不难这件事本身就很难。

答：凡是在爱中的人，即字面上的"在爱的状态中"的人，都是好爱人，如果其配偶也在爱中，他们就是一对完美的夫妇。然而，神经过敏的一方认为他们应该更恩爱。换句话说，对于注重自己而非自己的爱人，并认为自己（一个人格）必须制造爱的人，甚至连爱也是一项不可能的任务。

如果你什么也不做，如果你只是允许自己融入爱（在你的存在的最深部分，爱即为你的所是）中，那么别的问题就都解决了。那时，我们所称的"智慧瑜伽"的道路一马平川，你再也不会提出难易的问题。

译后记

众所周知,印度智慧的目标是觉悟。什么是觉悟?沃尔特·齐尔作为我们的同时代人,用我们熟悉的话语解释了觉悟。你或许已经发现,觉悟简单得惊人!表面上看,这大概是因为齐尔的解释属于当下流行的"极简风格",去掉了一切修饰。更重要的是,齐尔本人已经觉悟,这个话题对他来说自然而然是简单的。但归根结底,觉悟本身即为最简单之事,因为它就是你我的所是,这就是"大道至简"吧。

在阅读本书的过程中,你可能发现长久以来的遮蔽竟悄然脱落了,存在本身竟是如此澄明、轻盈。这种阅读后效也可能发生在你读完本书的几天后、几个月后,甚或几年后。基于真实的话语一旦被听闻，便会永久地留存和回响，如同你在山间听到的寺庙钟声永久地留在你的记忆里。不，齐尔的话语远胜于此，你知道的。

几年前，我和元呈兄长合译了尼萨格达塔·马哈拉吉的《意识瑜伽》。自那以后，我被几位读者"缠上了"，他们时不时客客气气地敦促我翻译这样的书，因为这样的书中有火焰。我的心中时常浮现出他们可爱的脸（或微信头像，因为有的未曾谋面）。现在，我终于对他们有了一点交代，因为齐尔无疑是马哈拉吉的后继者，实际上，就像斯瓦米·杜迦南达在推荐序中说的，齐尔携带着20世纪举世公认的三位吠檀多大师——拉玛那·马哈希、阿特曼南达和马哈拉吉的火焰，他实际上也师从于他们，或者至少见到过他们。接下来我要翻译的道格拉斯·哈丁（Douglas Harding）的文章集也是一本这样的书，哈丁和齐尔接受的教导与传承十分相似。

感谢杜迦南达把这些文章集结了起来，并找到我的恩师王志成教授商量翻译事宜。感谢王老师把它们交给了我，我会努力让他一直可以信任我。在翻译过程中，杜迦南达和王老师从各个方面给了我诸多帮助。感谢"瑜伽文库"的诸位编辑老师，你们的专业水准和细心

译后记

工作总是让我感到安心。感谢我的先生朱承志不断给我鼓励，常常和我讨论书中的思想。感谢《山径》杂志的Sri Venkat Ramanan授予我们这些文章的版权。感谢云南大学，尤其是哲学系给予我良好的学术环境，让我能够静心做研究。最重要的是感谢读者们，没有你们，我们的一切努力都是徒劳的。

最后，请允许我用《老子》中的一句话表达我们对这些觉悟者的感谢："是以圣人处无为之事，行不言之教，万物作焉而不辞，生而不有，为而不恃，功成而弗居。夫唯弗居，是以不去。"

朱彩虹

2023年7月1日

附录　拉玛那·马哈希的教导："我是谁？"

1. 我不是身体，不是感官，不是心意，也不是深眠中的无知状态。否定了这些，剩下的"那"就是我。它是纯粹的觉知，即作为存在-意识-喜乐的真我。

2. 止息心意，才能觉悟纯粹的真我。心意只不过是一堆念头，其中首要的是"我"这个根本性的念头。所以，只有通过探究"我是谁"，心意才能止息。让心意时常保持内转，安住于真我——这才是探究真我。

3. 稳定而持续地参究心意的本质，心意将转变为"那"。"那"即"我"之所指，它确实是真我。

4. 出现在身体中的"我"是心意。如果你探究这个"我在"最初来自何处，你会发现，它来自心灵（hridayam, heart）。

5. 控制向外的心意，把它摄回心灵中，这称为内转（antarmukhadrishti, introversion）。当心意被心灵摄回，"我"或私我消失了，唯独剩下光辉灿烂的纯意识或真我，它存在于心意的所有状态中。没有丝毫"我"之思的境界就是人的真实自性（swarupa），被称为"寂静"（mouna）；那也是真智慧。

6. 唯独真我存在；唯独真我真实不虚。确实，唯独真我是世界、"我"和神。存在的一切只是这至上存在的显现。

7. 确实，真我内部那稳固而自制的天赋构成了对至上之主的自我顺从。把任何担子都放在他的肩上吧，他的确肩负着所有。

8. 喜乐确实是真我。喜乐与真我同一。唯有"那"是真实的。世上有着无数的客体，但没有一个客体包含任何可以称之为快乐的东西。这个现象世界只不过是思想。当心意摆脱了思想，就能享受真我之喜乐。觉悟者的心意绝不离开真我或梵。

9. 神和古鲁同一。已经得到古鲁之恩典的人毫无疑问将被拯救，绝不会被抛弃。但弟子本人应该遵循师父指明的道路。

10. 喜欢与厌恶、爱与恨，要同样避免。不要让心意常常停留在世俗生活的客体或事物上。如果私我消失，其他一切都将消失。我们的行为越谦逊越好。给予他人的每一物，实际上都是给予自我。不欲求任何外物，这是弃绝或不动心。仅仅抓住真我不放，这是智慧或觉悟。所以，弃绝与智慧同一。每一追求者必须保证弃绝，深深地潜入自身，觉悟珍贵的阿特曼——绝对真我。